LOISIRS LYRIQUES

D'UN

AMATEUR DE CHANSONS

PAR

Henri FÉNÉE, Membre du Caveau

AVEC PORTRAIT DE L'AUTEUR

Et Avant-Propos par Eugène GRANGÉ

> Par des chansons, ma mère m'a bercé,
> Je veux finir comme j'ai commencé
>
> BRAZIER.

PARIS

Chez Mme Vve ÉDOUARD VERT, Imprimeur-Éditeur

12, Passage du Caire

Et chez l'Auteur, 13, rue Mayet

1881

LOISIRS LYRIQUES

D'UN

AMATEUR DE CHANSONS

PAR

Henri FÉNÉE, Membre du Caveau

AVEC PORTRAIT DE L'AUTEUR

Et Avant-Propos par Eugène GRANGÉ

> Par des chansons, ma mère m'a bercé,
> Je veux finir comme j'ai commencé.
> BRAZIER.

PARIS

Chez Mme Vve ÉDOUARD VERT, Imprimeur-Éditeur

12, Passage du Caire

Et chez l'Auteur, 13, rue Mayet

1881

CHANSONS

LOISIRS LYRIQUES

D'UN

AMATEUR DE CHANSONS

PAR

Henri FÉNÉE, Membre du Caveau

AVEC PORTRAIT DE L'AUTEUR

Et Avant-Propos par Eugène GRANGÉ

> Par des chansons, ma mère m'a bercé,
> Je veux finir comme j'ai commencé.
>
> BRAZIER.

PARIS

Chez Mme Vve ÉDOUARD VERT, Imprimeur-Éditeur

12, Passage du Caire

Et chez l'Auteur, 13, rue Mayet

1881

AVANT-PROPOS

Ce Recueil de Chansons pouvait se passer d'une préface.

En effet, à quoi sert-il de recommander au lecteur une chose dont, en tournant quelques feuillets, il peut lui-même reconnaître la valeur ? C'est, en admettant qu'il lise cette préface, retarder son plaisir, et voilà tout.

Comme je l'ai dit quelque part :

> A vin généreux pas besoin d'enseigne ;
> Un livre n'est pas le parc de Saint-Cloud,
> Que de grands fossés il faut que l'on ceigne,
> Et toute préface est un saut de loup.

Mais mon excellent camarade FÉNÉE tenait à faire imprimer quelques lignes de moi en tête de son volume, et je n'ai pas cru devoir lui refuser cette innocente satisfaction.

Et d'abord permettez-moi, amis lecteurs, de vous présenter l'auteur de ce volume, et de vous apprendre comment il devint chansonnier. Ces notes biographiques ne seront pas longues.

Henri FÉNÉE est né à Paris en 1820. A vingt ans, il entra au service, après avoir été graveur. Il était sous-officier quand il quitta l'armée, pour entrer, comme employé, dans une succursale du Mont-de-Piété, précisément dans la maison où il est né, rue Saint-Severin. Devenu chef de bureau, il vient, dernièrement, de prendre sa retraite. C'est un des plus précieux collectionneurs de chansons que l'on connaisse. Patient comme un bénédictin, pour copier des chansons et autres poésies inédites, il a écrit de sa main plus d'un million de couplets. C'est en les copiant qu'il s'est mis à en composer pour son propre compte.

Présenté au Caveau par Jules Lagarde, membre honoraire de cette Société lyrique, il y chanta des couplets intitulés : *L'Amateur de Chansons*, qui attirèrent sur lui l'attention des auditeurs, et furent salués par d'unanimes bravos. Quelques mois après, en juillet 1873, il fut reçu membre associé du Caveau, et, depuis cette époque, il n'a pas cessé d'assister à nos banquets mensuels, et d'y faire entendre des chansons que l'on trouvera dans ce volume.

A présent que l'on connaît l'auteur, parlons de ses œuvres.

Le genre qu'affectionne FÉNÉE est le genre léger et gaudriolesque. Il ne faut pas s'attendre à trouver dans ses compositions la philosophie et la poésie de celles de Béranger. Non, sa muse est celle de Sedaine, de Collé et de Désaugiers. C'est franc, alerte, de bonne humeur et sans prétention. Il ne tient pas à enseigner, il s'attache seulement à provoquer le rire, et il y réussit presque toujours.

Parmi ses chansons qui ont obtenu le plus de succès, citons : *Faudra que j'vous l'amène un soir,* — *Ça fait bien dans le Paysage,* — *N'y a que le premier Pas qui coûte,* — *Mon Petit Bonhomme de chemin,* — *Où qu'est ma Mitrailleuse?* — *Allez-donc vous asseoir,* — *l'Épicurien reconnaissant,* — *C'est toujours la même Ficelle,* — *la Bergère,* et bien d'autres encore. Enfin un pot-pourri sur *Fanchon la Vielleuse,* lequel est un petit chef-d'œuvre de gaîté gauloise.

Mais, c'est trop vous arrêter aux bagatelles de la porte; si vous voulez, lecteurs, passer quelques moments agréables, — entrez !

Eugène GRANGÉ.

CHANSONS

L'AMATEUR DE CHANSONS

Air du *Pas redoublé*.

Je n'ai jamais fait de chanson,
    Que Phœbus me pardonne !
Mais j'en ai de toute façon
    Que je collectionne.
J'ai toujours trouvé Désaugiers
    Plus joyeux que Sénèque ;
Et je n'ai que des chansonniers
    Dans ma bibliothèque.

Quand certain poète toqué
    Avec effort rimaille,
De vers bien meilleurs sur le quai
    Je fais mainte trouvaille ;
On m'offre en vain de beaux psautiers,
    Aux armes d'un évêque :
Moi, je n'ai que des chansonniers
    Dans ma bibliothèque.

Si chez moi vient un amateur
　　Des études classiques,
Pour m'emprunter un grand auteur
　　Ou quelques vieux lexiques,
Il cherche à tort sur mes casiers
　　Œuvre latine ou grecque :
Moi, je n'ai que des chansonniers
　　Dans ma bibliothèque.

Je possède des manuscrits
　　D'une grande importance,
Mais, ce ne sont pas des écrits
　　Sur l'histoire de France,
Ni de symboliques papiers
　　De Rome ou de la Mecque :
Moi, je n'ai que des chansonniers
　　Dans ma bibliothèque.

Les prêtres ne sont pas jaloux
　　D'avoir mes catéchismes !
D'Hippocrate désirez-vous
　　Lire les aphorismes ?
Ne montez pas mes escaliers,
　　Allez où l'on dissèque :
Moi, je n'ai que des chansonniers
　　Dans ma bibliothèque.

Enfin, je suis un homme heureux,
Heureux en conscience;
Vu que je suis très amoureux
De ma propre science.
Chez moi, bien peu de financiers
Voudraient prendre hypothèque :
Car, je n'ai que des chansonniers
Dans ma bibliothèque.

LE PÈRE RIGOLOT

A MON AMI ÉCHALIÉ

Air des *Étrennes de mon Parrain.*

Très content,
Bien portant,
Doucement j'use la vie,
Et de dame Folie
J'agite chaque grelot;
Pas cagot,
Ni manchot,
Voilà l'papa Rigolot!

Je connais les vieux proverbes,
Sagesse des nations,
Et j'aime des plus superbes
Orner mes narrations.
Si quelques revers m'arrivent,
Loin de pousser des hélas !
Je me dis : *Les jours se suivent
Et ne se ressemblent pas.*

    Très content, etc.

Foin de la mélancolie,
A quoi bon se tourmenter ?
C'est un éclair que la vie,
Fou qui n'en sait profiter !
Vive l'amour des fillettes
Et des vignes le doux grain !
*On ne peut payer ses dettes
Avec un fonds de chagrin.*

    Très content, etc.

Ma mère était très rieuse
Et mon père, Dieu merci,
Comme elle, d'humeur joyeuse,
De bon cœur riait aussi ;

Je dois donc sur cette terre
Rire et prendre du plaisir
Comme mon père et ma mère,
Car : *Bon sang ne peut mentir.*

    Très content, etc.

Soumis à la destinée,
Aux regrets mettons un frein,
Car chaque jour de l'année
Au pauvre apporte son pain ;
Dieu, qui créa la nature ;
A soin d'adoucir nos maux ;
Lui qui donne la pâture
Au plus petit des oiseaux.

    Très content, etc.

Lorsque j'attaque une belle
En aimable scélérat,
Dès qu'elle fait la cruelle
J'agis : *A bon chat bon rat.*
Pourquoi tant de pruderie,
Dis-je en lui tendant les bras,
Un bon tiens, ma chère amie,
Vaut mieux que deux tu l'auras.

    Très content, etc.

En grognant, ma ménagère,
Parfois tombe en pâmoison;
D'eau pure je prends un verre
Et je l'asperge à foison.
Je calme ainsi sa furie,
Ce qui me prouve souvent
Que *la plus petite pluie*
Abat toujours un grand vent.

    Très content, etc.

N'augmentons jamais la foule
Des poseurs et des pédants,
Et sachons *croquer la poule*
Avant de perdre nos dents.
Sans nous occuper du reste,
Employons bien nos instants,
Puisque Désaugiers l'atteste :
Quand on meurt, c'est pour longtemps.

    Très content, etc.

N'Y A QUE L'PREMIER PAS QUI COUTE

AIR : *Nous nous marierons dimanche.*

Puisqu'il faut chanter,
J'vais m'exécuter,
Avance à l'ordre, ô ma muse.
Rimer un couplet
Me séduit et m'plaît,
Foi d'apprenti, ça m'amuse.
Malgré mon d'sir
De fair' plaisir
J'en doute,
Mais à part moi
Je m'dis : mets-toi
En route.
D'ailleurs mon garçon
Pour faire un' chanson,
N'y a que l'premier pas qui coûte.

Nos gentils marmots
Par les premiers mots

Qui leur sortent de la bouche,
 Savent nous charmer
 Et se faire aimer,
Leur babil amuse et touche.
  Au mot d'maman
  Celui d'nanan
   S'ajoute,
  On aim' papa,
  Mais le caca
   Se r'doute.
 Papa c'est l'refrain
 De tout veau marin :
N'y a que l'premier PA qui coûte.

  Étant tout gamin,
  Quand j'buvais du vin,
Ça m'faisait fair' la grimace,
  D'plus d'un barbillon,
  J'avalais l'bouillon,
A présent, j'trouv' ça fadasse...
  Chaque matin,
  Au chambertin,
   Je goûte.
  Avec honneur,
  Près d'un buveur
   Je joute.

D'un ci-devant canard,
Pour fair' un pochard,
N'y a que l'premier pas qui coûte

Avec ta vertu,
Jeannette veux-tu
Que la camarde t'emporte ?
Du temple d'amour,
Permets en ce jour
Que j'entre-bâille la porte.

. . . . .
. . . . .
. .
. . . . .
. . . . .
. .

Et r'tiens au total...
Qu'si ça t'fait du mal,
N y a que l'premier pas qui coûte.

Un rusé Normand,
Mauvais garnement,
En vertu d'une sentence
Fut bien chagriné,
De s'voir condamné
Au supplic' de la potence.

L'pauvre pêcheur,
Que l'confesseur
Écoute,
Dit piteus'ment :
C't'échell'... vraiment
M'dégoûte...
Bah! dit le bourreau,
Pour monter là haut,
N'y a que l'premier pas qui coûte.

Un conscrit trembleur
Marquait d'la frayeur
Au début d'certain' bataille.
Lorsqu'un vieux grognard,
L'foudroyant du r'gard,
Lui dit : crains-tu la mitraille!
Comment, Jean-Jean,
Te verrais-je en
Déroute,
Comme un sans-cœur,
Faire à l'honneur
Banqu'route?
Apprends nom d'un nom
Qu'pour braver l'canon,
N'y a que l'premier pas qui coûte.

Un certain docteur
Plus ou moins menteur,
Dit un jour à son malade :
Vous pouvez guérir
Et ne pas mourir
En prenant de la panade.
Le moribond,
Faisant un bond,
L'écoute,
Et dit : j'aim' mieux
Boir' de vin vieux
Un' goutte.
S'il faut sauter le pas,
N'nous effrayons pas,
N'y a que l'dernier pas qui coûte.

UN DROLE D'EMPLOI

Calino prit un domestique
En lui disant : ta charge unique
Sera chaque nuit de venir
Regarder si je dors, et de m'en prévenir.

TOUT D'SUITE

AIR : *Je commence à m'apercevoir* (ALEXIS).

En traitant l'amour et le vin,
   Moi gaîment je m'escrime;
   Si je cherche la rime
Pour *vin*, je rencontre *divin!*
    Ah! dans nos verres
    Joyeux Trouvères,
Cherchons l'oubli des humaines misères,
Nectar, trésor de la santé!
Bien que l'on t'ait beaucoup chanté,
Je rends hommage à ta célébrité.
   O liqueur émérite,
   Lorsque l'on t'ingurgite,
    Douce chaleur
    Pénètre au cœur
    Tout d'suite.

Jadis, à l'âge de vingt ans
Je courtisais les belles;

J'en trouvais peu d'cruelles;
Ah! comme on change avec le temps!
Près de Julie,
Rose ou Sophie,
J'faisais l'serment d'aimer toute la vie;
Lorsqu'un tendron, au rendez-vous,
Me demandait d'un air bien doux
Si je voulais être un jour son époux,
J'lui répondais! : ma p'tite
N'croyez pas que j'hésite,
Sans m'fair' prier
J'veux bien m'marier
Tout d'suite.

Ma gaité, voilà mon trésor,
L'genr' trop sérieux m'ennuie.
Foin d'une tragédie,
J'lui préfèr' *la poule aux œufs d'or*
Quand dans un drame,
Un traître entame,
Pour se venger une perfide trame :
Quand je vois surgir à foison
Le feu, le fer et le poison!
Et le public tomber en pâmoison,
Dehors je m'précipite

Et j'dis, prenant la fuite :
J'aim' pas frémir,
Allons dormir
Tout d'suite.

MA RÉCEPTION AU CAVEAU

AIR : *Comme au temps des Trouvères*

Pour vous remercier, comment vais-je m'y prendre ?
　　Car je suis un novice auteur ;
Être admis au Caveau, c'est vraiment trop d'honneur !
A rimer comme vous, si je ne puis prétendre,
　　J'aurai toujours l'esprit du cœur...

REFRAIN

Chanson, ma souveraine,
Ne sois pas inhumaine !
A t'aimer, te servir toujours
Je veux consacrer tous mes jours.

Aux joyeux accords de ma lyre
Joins ta verve, ton doux sourire,
Fais jaillir de mon cerveau
 Du nouveau !...

Pour un jour de plaisir, hélas ! combien de peines !
 Quand le sort vient nous maltraiter,
Vous me donnez, ce soir, des armes pour lutter ;
Désormais, pour braver les misères humaines,
 Avec vous je viendrai chanter.

  Chanson, etc.

La muse chaque jour par ses métamorphoses,
 Sait faire un palais d'un grenier,
Lorsque l'on est poète, on est un peu sorcier,
La Chanson sur nos yeux, met des lunettes roses ;
 Qu'il est doux d'être chansonnier !...

  Chanson, etc.

Messieurs, chacun de vous en chanson est mon maître
 Mais, grâce à notre liaison,
Sans atteindre jamais votre diapason,
En marchant sur vos pas, je glanerai peut-être
 Où vous moissonnez à foison.

  Chanson, etc.

Pour bien inaugurer ma lyrique campagne,
 En savourant les vins français,
Puisqu'au Pinde aujourd'hui vous me donnez accès,
Permettez qu'un ami vous verse le champagne
 Pour boire à vos nombreux succès !

  Chanson, etc.

JE VOUS LA SOUHAITE !

Air : *Quand la mer Rouge apparut.*

Un usage déjà vieux,
 Lorsque l'an commence,
Veut que l'on fasse des vœux
 Pour la circonstance :
Or, pour combler votre espoir,
Amis, puissiez-vous avoir,
 Avec du bonheur,
 De la joie au cœur.
  La gaité,
  La santé
 Et pleine cassette,
 Je vous la souhaite !

J'estime un joyeux luron
    Content d'être au monde !
L'homme doit être tout rond,
    Car la terre est ronde.
Bref, dans nos joyeux repas,
Amis, n'admirez-vous pas
    Mon rude appétit
      Qui n'est pas petit?
        Entre nous,
        Aimez-vous
    Mon coup de fourchette?
    Je vous le souhaite !

Jadis lorsqu'un frais minois
    Me tournait la tête,
Je savais en tapinois
    Brusquer sa conquête,
Je lui disais carrément :
Prenez-moi pour votre amant
    La belle, parlez ;
    Mais si vous voulez
      Un époux
      Et bijoux
    Pour votre toilette,
    Je vous les souhaite !

Hier indiscrètement
    Un jeune confrère
Se plaignait amèrement
    De sa ménagère :
Mon cher! (dis-je) que veux-tu?
Ta femme a de la vertu ;
    Crains de l'abuser
    Si tu veux t'user
        A rêver,
        A trouver
    La femme parfaite,
    Je te la souhaite!

Sans ternir ton vieux blason,
    O ma belle France,
Une insigne trahison
    Causa ta souffrance.
Le Ciel qui doit la bénir
Te réserve l'avenir...
    Tu peux espérer,
    Tu dois désirer
        Cher pays
        Pour tes fils
    Revanche complète,
    Je te la souhaite!

Pour rimer une chanson
　J'aime un air facile ;
Je suis fou du gai flonflon
　D'un fin vaudeville ;
Je préfère aux *oremus*
Les grelots du vieux Momus ;
　　Mais sur des pipeaux
　　Chanter les troupeaux,
　　　Les fadeurs,
　　　Les ardeurs
　　D'une bergerette,
　　Je vous en souhaite !

POT-POURRI DE FANCHON

AIR : *Aux Montagnes de la Savoie.*

Sur Mam'zell' Fanchon la Vielleuse
On me demande une chanson,
C'est une idée libidineuse
Dont il faut trouver la façon...
Cett' Fanchon ayant eu l'cœur tendre,
Avec plaisir, sur elle, ici, je veux m'étendre,
　　　Je veux m'étendre.

AIR du *Vaudeville de Fanchon.*

Allons vite ma Muse
Y n'faut pas que j'm'amuse,
Le sujet est si folichon !
Le beau sexe m'inspire,
Moi, qui fus toujours son bichon,
J'vais accorder ma lyre }bis.
En l'honneur de Fanchon.

AIR : *A genoux devant le soleil.*

L'histoir' de cett' particulière
Va m'causer du désagrément,
Car, pour la chanter toute entière
Je n'ai pas un seul document...
J' présum' qu'ell' quitta sa chaumière
Avec un bagag' peu gênant
Et que (probablement) sa mère
Lui chanta ce r'frain bassinant :

« *Va, mon enfant, adieu!* }bis.
» *A la grâce de Dieu,*
» *Adieu,*
» *A la grâce de Dieu!* »

AIR du *Vaudeville du Juif*.

Sans écouter cet air banal,
Fanchon fuyait l'pays natal,
En fredonnant : Ça m'est égal.
 Je suis jeun' et belle,
 Avec ça,... d'moiselle,
 Pour plair' au total,
 C'est le point capital.
  Vite en route,
  Coûte que coûte } *bis.*
  à Paris
  J'aurai des amis.

AIR : *En jouant du mirliton.*

Afin qu'on la contemple,
Elle arrive, et chaque soir,
Sur le boul'vard du Temple,
Tout Paris vient la voir.
Ell' troublait chaque cervelle,
Son triomphe était complet !
Chacun écoutant sa vielle,
Disait : Bon Dieu ! qu'elle me plaît
En tournant... sa manivelle,
En chantant son p'tit couplet.

En chantant son p'tit... son cou... son plet
 Son p'tit couplet.

AIR du *Pas redoublé.*

A manœuvrer son instrument
 Elle mettait du zèle,
Quand l'or tombait abondamment
 Dans sa p'tite escarcelle ;
On dit même qu'en son logis
 Cett' fill' qui n'fut pas sotte,
A huis-clos avec ses amis,   } bis.
 Faisait voir sa marmotte.

AIR : *Une Robe légère.*

Le fait est qu'la gaillarde
Empoignait son public,
Et qu'pour un'Savoyarde
Elle avait beaucoup *d'chic.*
D'sa tête et d'sa tournure
On était enchanté.
Il est vrai qu'la *figure*
« Embellit la beauté. »

Air du *Cabaret des Trois-Lurons.*

C'était en dix-sept cent soixante
Que la Fanchon vint à Paris ;
De sa primeur appétissante,
Les grands seigneurs étaient épris ;
Quand les dam's pendant la froidure
Se réchauffaient dans leur manchon (*bis*).
Les maris, en guise de fourrure,
Pour s'réchauffer prenaient Fanchon.

Air : *Elle aime à rire, elle aime à boire.*

Piron, Collé, Gallet, nos frères
De la Chanson, gais souverains,
Ne pouvant être ses parrains
Étaient devenus ses compères.
Que de flonflons, que de glouglous
Nous ont conservé leur mémoire.
Au *Cadran bleu*, l'on savait boire } *bis.*
On savait chanter comme nous.

Air : *A la façon de Barbari.*

Fanchon trouva des amoureux
    A remuer à la pelle,

Pour ceux qui s'montraient généreux
 Elle fut peu cruelle...
Bref! le petit dieu Cupidon,
La faridondaine, la faridondon,
Lui fit trouver plus d'un mari,
 Biribi,
 A la façon de Barbari,
 Mon ami.

Air : *Ah! daignez m'épargner le reste.*

Messieurs, je ne vous dirai point
Si la belle était blonde ou brune,
Mais on est d'accord sur un point,
C'est qu'sa beauté fit sa fortune.
Si je voulais tout vous conter,
Vous pourriez trouver ça... trop leste,
Il est des choses qu'on n'peut chanter...
Je suis forcé de m'arrêter;
 « *Ah! daignez m'épargner le reste.* »

LE P'TIT BONHOMM' DE CH'MIN

—

Air du *Dieu des Bonnes Gens* (BÉRANGER).

Tout est mêlé sur notre pauvre terre,
Le bien, le mal, le plaisir, le chagrin;
Mais l'Éternel, qui se montra bon père,
Créa les fleurs, les femmes et le vin.
Fuyant celui qui se lamente et gronde,
Sans m'occuper jamais du lendemain,
Content de tout, je fais dans ce bas monde
    Mon p'tit bonhomm' de c'hmin. *(bis)*.

Employons bien l'aurore de la vie,
L'amour s'envole avec nos jeunes ans;
L'illusion, hélas! nous est ravie
Quand notre hiver chasse notre printemps.
Adieu soupirs, adieu douces fleurettes,
Dès que le temps sur nous pose sa main,
On ne fait plus près des tendres fillettes
    Son p'tit bonhomm' de c'hemin.

Lorsque nos fronts se couronnent de neige
Et que nos pas deviennent chancelants,
Pour adoucir l'ennui qui nous assiège,
Nous renaissons dans nos petits-enfants;
En savourant la naïve tendresse
D'une gamine ou d'un gentil gamin
On fait, avec ce bâton de vieillesse,
    Son p'tit bonhomm' de ch'min.

Jadis le Christ expiait au Calvaire
Son dévouèment à la fraternité!
Son divin sang, en arrosant la terre
A fait germer l'ardente charité.
Gloire au martyr à l'âme grande et probe
Qui, par sa mort, sauva le genre humain!
Et sa morale a fait sur notre globe
    Son p'tit bonhomm' de ch'min.

Ah! de nos jours, la routine insensée
Bien vainement veut entraver nos pas;
Nul n'a le droit d'enchaîner la pensée,
Un siècle avance et ne recule pas.
Le temps n'est plus du féodal servage,
Où nous rampions devant un parchemin;
Car le progrès fait toujours, d'âge en âge,
    Son p'tit bonhomm' de ch'min.

Si des Teutons, ô France! ô ma patrie,
Nous avons dû subir l'invasion,
C'est que tu fus et vendue et trahie,
La force, hélas! prima droit et raison...
Pour nous venger d'une sauvage guerre,
Fiers Allemands, sur votre sol germain,
Notre étendard quelque jour pourra faire
   Son p'tit bonhomm' de ch'min.

Quand du Caveau je suis le tributaire,
C'est pour complaire à mes goûts, mes désirs
La chanson vraie a toujours su me plaire
Et charmera constamment mes loisirs,
Dans un bureau que dirige *ma Tante*, (1)
En griffonnant, je subis mon destin;
Mais j'aime à suivre, aux banquets où l'on cha
   Mon p'tit bonhomm' de ch'min.

POUR ALLER VITE

Un paysan un jour se laissa choir :
En le voyant couché sur le trottoir
Un farceur s'écria, parbleu! je vois l'affair
Pour aller vite, il marche ventre à terre.

(1) L'auteur est chef d'un bureau auxiliaire du Mont-de-Pié

OUSQU'EST MA MITRAILLEUSE?

AIR : *Suzon sortait de son village.*

J'avais un oncle, un vieux d'la vieille,
Qui n'était pas toujours gentil ;
Dès qu'un mot lui choquait l'oreille,
Il disait : Ousqu'est mon fusil ?
    Moi, j'suis de même,
    J'ai pour système
    De n'pas m'gêner.
  Dès qu'on vient m'taquiner,
    Peut-on refaire
    Son caractère,
    J'suis bon garçon,
  Mais, j'vous l'dis sans façon,
J'ai l'humeur presque furieuse,
Quand on veut me mystifier,
Et tout d'suit' on m'entend crier :
    Ousqu'est ma mitrailleuse ?

Vive un poète à rouge trogne !
Foin ! des rimailleurs vaporeux
Trempant leur plum' dans d'l'eau d'Cologne
Pour rimer des vers langoureux.

C'est la *colline*,
C'est l'*aubépine*
Qui vient rimer
Avec *aimer*, *charmer*.
Brillante étoile
Rime avec *voile*.
Dieu quel *mastic*,
Comm' ça vous a du *chic*.
D'une muse si filandreuse,
Admirez donc les vers cossus...
On est tenté... d's'asseoir dessus.
Ousqu'est ma mitrailleuse?

Quand j'vois, fumant la cigarette,
Nos cocottes des boulevards,
Je songe à la simple grisette
Qui jadis charmait nos regards.
A la campagne,
Pour du champagne,
D'son tendre cœur,
On devenait vainqueur.
Repas sur l'herbe
Semblait superbe,
Être amoureux
N'était pas trop coûteux...

Maintenant, pour une... farceuse,
Faut avoir le sac d'un milord.
Ça voudrait se rouler sur l'or !
 Ousqu'est ma mitrailleuse ?

Après bien des jours de souffrance,
Après la honte et le danger,
Enfin le sol de notre France
Est délivré de l'Étranger.
  Que de supplices !
  De sacrifices !
  Combien d'affronts
  Ont fait rougir nos fronts ;
  Mais, patience,
  J'ai l'espérance,
  Casques pointus,
  Que vous serez... battus ;
D'une campagne désastreuse,
Nos phalanges se vengeront,
Dans vos murs... elles chanteront :
 Ousqu'est ma mitrailleuse ?

Dans ce monde, où l'on se chamaille,
Où chacun cherche à se lancer,

Y a d'brav's gens, mais y a d'la canaille
Dont un d'vrait bien s'débarrasser ;
  Que de banquistes,
  Que de puffistes,
  Que de sauteurs!
 De prévaricateurs!
  Que de Basiles,
  Méchants reptiles
  De faux banquiers
Qui ne sont qu'usuriers.
A cette clique monstrueuse,
Afin de donner son paquet ;
Ah! non d'un p'tit bonhomme ousqu'est
 Ousqu'est ma mitrailleuse ?

MISANTHROPIE

Le monde est plein d'impiété,
D'ingratitude et de licence,
Et sans le *Mont-de-Piété*,
Nul n'aurait de reconnaissance.

ALLEZ-DONC VOUS ASSEOIR

BOUTADE LYRIQUE

Air de la *la Ronde d'Aglaé* (dans LES TURLUTAINES).

> Chaque 'spérance,
> Quand ot-au-Feu, (†)
> Sa..
> De voir av..nt la séance,
> Déjà bon nombre d'amis
> Réunis.
> Si par hasard
> J'arrive un quart d'heure trop tard,
> J'entends : Bonsoir,
> *Allez-donc vous asseoir.*

> Quand je suis un peu malade,
> Mon docteur, monsieur Purgon,

1) Société chantante dont notre regretté et ami Poullain était Président

Nom d'un nom !
Veut que de sa limonade
J'arrose mon estomac,
Quel mic-mac !
Mon cher docteur,
Moi, je préfère la liqueur
Faite au pressoir,
Allez-donc vous asseoir.

A table ce qui me botte,
Amis, c'est un bon poulet
Bien replet !
J'aime aussi sous ma *quenotte*
Savourer turbot, pigeon
Et goujon !
Mais voir un plat
Plein d'*arlequins* ou de *rata*,
Quel repoussoir !...
Gargotier, vas t'asseoir.

L'indulgence est mon seul guide,
Je n'aime pas attaquer,
Critiquer.
Est-il rien de plus stupide
Qu'un bavard, qu'un médisant !
Vous disant :

C'est ci, c'est çà,
Et patati, rapatata...
Tu vois tout noir,
Méchant, vas-donc t'asseoir.

Au printemps, lorsque tout pousse,
C'est là que les amoureux
Sont heureux ;
L'air est tiède et l'herbe est douce,
Pour embellir vos moments,
Gais amants,
En tapinois,
L'amour vous offre au fond des bois,
Un reposoir,
Allez-donc vous asseoir.

Au fond de la Kabylie,
Un zouzou trouve en un coin
Un Bédouin !
Sitôt, ce dernier lui crie :
« Moi, couper, bon Moricaud,
Ton coco ! »
— Mon vieux, tout doux !
Lui dit-il : J'ai mon coupe-choux,
Viens-y pour voir
Comme je vais t'asseoir.

Lorsque monte à la tribune,
Un député trop bavard,
S'il est tard,
Sa présence inopportune
Rend soudain ses auditeurs
Tapageurs ;
De tous côtés,
On entend ces cris répétés :
Assez ce soir,
Allez-donc vous asseoir.

Dans les mœurs de la Turquie
Un supplice original,
C'est le pal !
Prêt à vous ôter la vie,
Le bourreau s'y prend vraiment
Poliment.
Au criminel
Il dit, d'un ton tout paternel,
Sur mon juchoir,
Daignez-donc vous asseoir.

Franchement je me confie,
Comme Voltaire ou Chaulieu,
Au bon Dieu !
Sans croire qu'en l'autre vie

Satan nous fera rôtir
Ou bouillir.
Foin des sermons
Prêchant l'enfer et ses démons.
Gens d'éteignoir
Allez-donc vous asseoir...

QUOI DONC CHANTER ?

BOUTADE LYRIQUE

Air des *Trembleurs* (LULLY).

Fuyant le genre maussade,
Chers amis, j'ai la toquade
De rimer une cascade
Sur un air très peu nouveau ;
Sans employer la roulade,
Tout en lançant ma boutade,
Parnasse, je t'escalade
A la barbe du Caveau !... *(bis)*

O ! tribunal redoutable !
Qui siégez à cette table
Daignez m'être charitable,
Un *four* serait affligeant !...
Mon mérite est discutable,
Mais il est indubitable,
Que lorsqu'un vin est potable
Il rend l'esprit indulgent...

Si j'avais la verve habile,
De nos rois du vaudeville,
Je voudrais *pondre* par mille
De spirituels couplets.
Pour ma muse versatile
Je sens qu'il serait utile,
De pouvoir dans un bon style,
Mettre à neuf de vieux sujets.

Quel thème vais-je donc prendre ?...
Si je vous faisais entendre
Une romance bien tendre
Peut-être ferai-je effet ?...
Au fait !... j'aime mieux attendre
Avant de rien entreprendre,
Car je vous ferais répandre,
Des pleurs sur votre gilet !...

Si je vous chantais la treille,
Qui fait la liqueur vermeille
Rimant bien avec bouteille
Au goulot mince et mignon ?...
Non, la raison me conseille
De ménager votre oreille,
Car cette donnée est vieille,
Comme la soupe à l'oignon.

Mon état perplexe empire !
Je sens que ma verve expire,
Muse ! que je dois maudire
Tu causes mon désespoir :
Puisqu'hélas ! rien ne m'inspire,
Permettez que je respire,
Et que ne sachant quoi dire
Je ne chante pas ce soir.

UN PRIX DE ROME

— Mon cher, quel est donc ce jeune homme
Qui festonne dans son chemin ?
— C'est un peintre, un grand prix de Rome,
Mais qui ce soir est *pris* de vin.

ÇA N'VA DONC PAS FINIR

—

AIR : *Vaudeville des Deux Edmond.*

Quand mon camarade Clairville
Nous chanta son gai vaudeville
« Voilà qu'ça va recommencer, »
De rire on ne put se lasser.
De la gaité fervent apôtre,
Ce refrain m'en inspire un autre
Dont je vais vous entretenir :
   Ça n'va donc pas finir?

J'ai pour voisin et pour voisine
Deux pistolets d'humeur chagrine ;
Bougons, maussades et grincheux,
Qui la nuit se battent chez eux.
Dès que survient une querelle,
On entend danser la vaisselle,
Et je dis, ne pouvant dormir :
   Ça n'va donc pas finir?

Au diable soit la politique,
Pour obtenir la République
Ou l'Empire, ou la Royauté,
Partout quelle animosité...
Représentants de la patrie,
Pour raviver notre industrie,
Il serait bien temps de choisir :
   Ça n'va donc pas finir?

Dans, ne sais quelle tragédie
Ainsi qu'en une boucherie,
Les personnages furieux
Se poignardaient à qui mieux mieux ;
Un *titi* voyant tous ces crimes,
Cria : « Plus que ça de victimes ;
« Dix déjà que je vois mourir :
   » Ça n'va donc pas finir? »

Certain soir qu'on n'y voyait goutte,
Un pochard trébuchant en route,
S'arrêta tout court dans un coin
Pour faire un tout petit besoin :
« Nom d'un nom que ma panse est pleine,
» Dit-il... trompé par la fontaine
» Dont l'eau ne cessait de jaillir :
   » Ça n'va donc pas finir? »

Saint Laurent, de chaude mémoire,
Sur le gril (raconte l'histoire),
Sentant qu'un seul côté cuisait,
Complaisamment se retournait.
Enfin, vaincu par la souffrance,
Il dit avec impatience :
« Dieu ! qu'on a de peine à rôtir :
　» Ça n'va donc pas finir ? »

Je pourrais, tourmentant ma muse
Avec ce refrain qui m'amuse,
Même en variant mes sujets,
Vous rimer quinze ou vingt couplets ;
Mais j'aime mieux poser ma... lyre
Que de vous forcer à me dire
Dans votre hâte d'applaudir :
　« Ça n'va donc pas finir ? »

L'ÉPICURIEN RECONNAISSANT

Air connu.

En bravant la critique,
Moi, ce soir, sans façon,
Je prends pour ma chanson
Le refrain d'un cantique :

Bénissons à jamais
Le Seigneur dans ses bienfaits !

Dieu (la chose est notoire)
Fit, pour nous protéger,
La bouche pour manger,
Et le gosier pour boire :

    Bénissons, etc.

Puis, par faveur insigne,
Ce divin Créateur
Nous donna la liqueur
Qui nous vient de la vigne.

    Bénissons, etc.

Éternel, que j'adore,
J'admire ta grandeur,
En goûtant la saveur
Des mets que je dévore !

    Bénissons, etc.

Sans compter les mauviettes,
Les perdrix, les chapons,

Il créa les moutons
Avec des côtelettes.

 Bénissons, etc.

Ah! donnons-lui notre âme,
Ne soyons pas ingrats;
S'il fit les Auvergnats,
Il fit aussi la femme.

 Bénissons, etc.

D'un triste mariage
Pour adoucir le sort,
En inventant la mort,
Il créa le veuvage.

 Bénissons, etc.

Vos lyriques merveilles
Feraient-elles plaisir,
Si Dieu, pour nous punir,
Nous eût privé d'oreilles?

 Bénissons, etc.

Bref, d'après mon système,
Protégeant les humains,
Il vous donna des mains
Pour m'applaudir quand même.

Bénissons à jamais
Le Seigneur dans ses bienfaits !

CE QUI NE ME TOUCHE PAS

—

Air : *Les Anguilles et les jeunes Filles*

Tous les mois, lorsque je banquète,
Avec vous en société,
Écoutant chaque chansonnette,
Je sens redoubler ma gaîté ;
Bien souvent je vide mon verre,
Mais, quant au menu du repas,
Je vous promets qu'ça n'm'occup' guère,
Je vous réponds qu'ça n'me touch' pas.

A dix-huit ans, auprès des belles,
Pour obtenir quelques bécots,
Moi, j'allais cueillir avec elles
Et lilas et coquelicots ;

A présent, bécots et bergère,
Coquelicots et frais lilas,
Je vous promets qu'ça n'm'occup' guère,
Je vous réponds qu'ça n'me touch' pas.

Dans un régiment de la ligne
Lorsque j'étais sergent-major,
Du dieu Mars serviteur très digne,
Mes galons étaient mon trésor ;
J'avais alors l'humeur guerrière...
Aujourd'hui lauriers et combats,
Je vous promets qu'ça n'm'occup' guère,
Je vous réponds qu'ça n'me touch' pas.

Lorsque de nous la mort dispose,
On dit qu'après le coup fatal
Et grâce à la métempsychose
Chacun s'transforme en animal,
Que l'on revienne sur la terre
Lorsque l'on a sauté le pas,
Je vous promets qu'ça n'm'occup' guère,
Je vous réponds qu'ça n'me touch' pas

Au Dieu d'amour offrant un cierge,
De nos jours, plus d'un amateur

3.

S'applique à trouver une vierge
Pour avoir sa première fleur ;
Moi, qu'une belle soit rosière,
Quand je convoite ses appas,
Je vous promets qu'ça n'm'occup' guère,
Je vous réponds qu'ça n'me touch' pas !

UN HEUREUX INFORTUNÉ

AIR du *Rocher de Sainte-Avelle*.

Sur terre, hélas ! tout devient éphémère,
Quand on a vu fuir ses illusions ;
Pour terminer une existence amère,
Que de chagrins, que de déceptions !...
Je l'avouerai, je suis las de la vie,
Pour moi le sort est par trop rigoureux ;
Car, bien portant, j'attends la maladie :
 Peut-on être plus malheureux !

J'avais juré de fuir toutes les belles ;
Car de l'amour que j'ai trop écouté
En calculant les blessures cruelles,
Je préférais garder ma liberté.

Je me disais : « Vénus a ses tempêtes; »
Et cependant, malgré mes blancs cheveux,
Je fais encor quelquefois des conquêtes :
    Peut-on être plus malheureux!...

Quand je possède une somme importante,
Toutes mes nuits sont pleines de frayeurs;
Un vague effroi m'agite et me tourmente,
Je crois toujours entendre des voleurs.
Un sort fatal tellement m'importune
Que, l'autre jour, un oncle généreux
Vient de mourir, me léguant sa fortune :
    Peut-on être plus malheureux!

Un Esculape, aussi prudent que sage,
Me dit : « Pour vous, le vin est dangereux;
» Buvez de l'eau, car ce fade breuvage,
» Soyez-en sûr, vous fera vivre vieux. »
Comprenez-vous quel souci m'accompagne
Quand, maintes fois, en nos banquets joyeu
Je suis forcé de sabler le champagne?
    Peut-on être plus malheureux!

Bref, je voulais, vivant en cénobite,
Avec le monde à jamais divorcer;

Mais on me cherche, on me traque, on m'invite,
Et sottement je me laisse enlacer;
Enfin, jugez de ma détresse extrême,
Je trouve encor — c'est vraiment désastreux —
Plus d'un ami qui m'estime et que j'aime :
   Peut-on être plus malheureux!

JE N'SUIS PAS VEINARD

DICTON POPULAIRE

AIR : *J'arrive à pied de province.*

Il faut avouer qu'ce monde
   Est bien biscornu;
J'suis sur la machine ronde,
   Fâché d'êtr' venu.
Pour moi madame la chance
   N'a pas l'moindre égard;
Hélas! depuis ma naissance
   Je n'suis pas veinard.

Un jour j'fis entrer Adèle
    Dans un cabinet;
Elle était encor cruelle
    Quand vint le poulet;
Elle calma mon martyre
    Après le homard....
Huit jours plus tard, je pus dire :
    Je n'suis pas veinard !

J'adorais la brune Angèle
    Depuis plus d'un jour,
J'voulais allumer près d'elle
    Le flambeau d'l'amour;
Elle fit tant la pimbêche
    Que, cédant trop tard,
Mon flambeau n'avait plus d'mèche...
    Je n'suis pas veinard !

D'une fillette ingénue
    J'étais amoureux,
J'étais séduit par la vue
    De ses beaux cheveux;
Un jour embrassant sa nuque,
    — Malheureux hasard ! —
J'ai fait tomber sa perruque...
    Je n'suis pas veinard.

Un mari d'humeur jalouse,
    Rentrant certain soir,
Me trouve près d'son épouse
    Au fond d'son boudoir;
Je balbutie et tremblotte;
    Alors, quelque part,
Il me déposa... sa botte :
    Je n'suis pas veinard.

L'an dernier, pour me distraire,
    J'fus à la Gaîté :
Au beau milieu du parterre,
    Je m'étais planté;
Au paradis on s'agite,
    J'y porte un regard;
Sur l'œil je r'çois un'pomm' cuite...
    Je n'suis pas veinard.

Le divin jus de la treille
    M'a toujours flatté;
Quand je vide une bouteille
    En société,
J'veux prouver que j'suis capable
    D'boir' sans êtr' pochard,
Et... j'disparais sous la table...
    Je n'suis pas veinard.

Ma chanson, presqu'aussi neuve
Qu'la soupe à l'oignon,
Peut vous donner une preuve
D'mon fatal guignon ;
Ell' m'fait passer, quand je rime,
Pour un babillard,
Et rarement on m'imprime :
Je n'suis pas veinard !

COMME ON CHANGE

SOUVENIR DE GARNISON

AIR : *Combien je regrette* (BÉRANGER).

J'faisais l'diable à quatre
Dans mon régiment,
Mais maint'nant à m'battre
J'n'ai plus d'agrément.

Sans mépriser l'art militaire,
J'crois qu'pour occuper les instants,

Il est plus doux d'peupler la terre
Que d'démolir ses habitants.

 J'faisais, etc.

A son penchant chacun se livre:
Or, le mien est assurément
D'aimer le sexe et de bien vivre
(C'est un'question d'tempérament).

 J'faisais, etc.

Près de fillette encor ingambe,
Moi, je trouv' qu'il est plus flatteur
D'admirer une belle jambe
Que d'en perdre une au champ d'honneur.

 J'faisais, etc.

Malgré le refrain que j'vous chante
N'allez pas me croire un poltron,
Quand l'occasion se présente,
Ça n'm'empêch' pas d'prendre... un canon.

 J'faisais, etc.

Jadis, Jean-Bart fit des merveilles,
Mais croyez, frères coupletiers,

Que j'ai vidé plus de bouteilles
Qu'il n'a moissonné de lauriers.

 J'faisais, etc.

En arrivant dans l'antichambre,
Pour le grand jugement dernier,
Au lieu d'être privé d'un membre,
J'voudrais m'présenter tout entier.

 J'faisais, etc.

Sans être coiffé de Bellone,
Quand chez vous j'obtiens un succès,
J'n'ai pas besoin d'voir la colonne,
Pour être fier d'être Français.

 J'faisais, etc.

ÇA ME BOTTE

AIR : *Dans la Paix et l'Innocence*

Pour me rendre le teint blême,
Faire de maigres repas,
Jeûner pendant le carême,
Ma foi, ça ne me va pas;

Mais placer sous ma *quenotte*
Un mets digne d'un gourmand,
Ça me botte, botte, botte,
Ça me botte joliment!

D'une femme trop étique,
Je ne suis pas amateur,
Car en amour je me pique
De rechercher la rondeur;
Que grassouillette cocotte
Me prenne pour son amant :

   Ça me botte, etc.

Mon grand oncle La Tulipe
Vient de descendre au cercueil;
Puisqu'il a cassé sa pipe,
Six mois je vais être en deuil.
Il m'a laissé sa pelotte,
En faisant son testament :

   Ça me botte, etc.

Pierre avait pour ménagère
Un vrai cerbère en jupon;
Hier, j'ai rencontré Pierre,

Qui me dit : « Enfin, mon bon,
» De mon épouse Charlotte
» C'est demain l'enterrement !

» Ça me botte, etc. »

Un soleil ardent m'ennuie,
Sa chaleur vient nous gêner;
Parlez-moi d'un temps de pluie,
Lorsqu'il s'agit de flâner.
Un tendron qui craint la crotte
Découvre un mollet charmant;

Ça me botte, etc.

Lorsque je reviens pompette
De nos dîners du Caveau,
Mon épouse qui me guette
Me fait un sermon fort beau;
Mais tandis qu'elle jabotte,
Je m'endors profondément...
Ça me botte, botte, botte,
Ça me botte joliment !

SI ÇA N'PEUT PAS VOUS SERVIR...

Air : *Mire dans tes Yeux mes Yeux.*

A ce banquet où j'assiste,
Chansonniers, aimables fous,
Je vois — et cela m'attriste —
Que l'on boit à petits coups.
Songez-y, le jus des treilles
Est très facile à s'aigrir...
Si ça n'peut pas vous servir,
    Passez vos bouteilles !
Si ça n'peut pas vous servir,
    Moi, ça m'f'ra plaisir !

Parvenu, dont l'opulence,
Fait envie aux malheureux,
Et qui prétends que la chance
N'a jamais comblé tes vœux ;
Vrai ! tu me fais de la peine,
Lorsque je t'entends gémir !

Si tu n'sais pas t'en servir,
    Passe-moi ta veine !
Si tu n'sais pas t'en servir,
    Moi, ça m'f'ra plaisir !

Quoi ! vous prenez pour maîtresse,
Voisin, la jeune Lison ?
Pour mériter sa tendresse,
Vous êtes... un peu grison.
Las ! près de la jouvencelle,
La nuit vous allez dormir...
Si ça n'peut pas vous servir,
    Passez-moi la belle !
Si ça n'peut pas vous servir,
    Moi, ça m'f'ra plaisir !

Harpagon, incorrigible
De la fureur d'amasser,
Homme égoïste, insensible,
Ton seul but est d'entasser ;
L'or des bienfaits est la source,
Pourquoi donc le détenir ?
Si tu n'sais pas t'en servir,
    Passe-moi la bourse !
Si tu n'sais pas t'en servir,
    Moi, ça m'f'ra plaisir !

Jeunes gens, quelle manie
Vous pousse à singer les vieux ?
De mon temps, je le publie,
On était plus vigoureux ;
Corbleu ! montrez-vous ingambes,
A votre âge on doit courir...
Si ça n'peut pas vous servir,
    Passez-moi vos jambes !
Si ça n'peut pas vous servir,
    Moi, ça m'f'ra plaisir !

Au Caveau, comme aux théâtres,
Amis, lorsqu'on entend vos
Refrains et couplets folâtres,
Vous moissonnez des bravos ;
Ainsi que vos gais apôtres,
Je voudrais en obtenir...
Si ça n'peut pas vous servir,
    Passez-moi les vôtres !
Si ça n'peut pas vous servir,
    Moi, ça m'f'ra plaisir !

DIEU!...

Air : *Je veux finir comme j'ai commencé.*

A vos banquets, pour mes couplets joyeux,
Je fus heureux d'obtenir un sourire;
Mais pour ce soir, devenu sérieux,
A l'Éternel, je consacre ma lyre.

Nos yeux, nos sens, notre esprit, notre cœur,
Tout nous révèle un divin Créateur.

Vous, esprits forts, qui voulez nier Dieu,
Fils de Caïn, quelle est votre démence?
A chaque pas, et n'importe en quel lieu,
L'Être suprême affirme sa puissance.

  Nos yeux, etc.

Sans l'Éternel, tu serais au néant;
Pygmée issu du limon de la terre,
Est-ce donc toi qui, d'un souffle puissant,
A fait mouvoir et penser la matière?

  Nos yeux, etc.

Qui donc à l'homme a donné les plaisirs
(Où nous puisons une volupté pure!)
Qui nous dota des plus brûlants désirs
Pour exaucer les vœux de la nature?

      Nos yeux, etc.

Homme! est-ce toi qui, réglant les saisons,
Donne à la rose une haleine si pure?
As-tu créé les fleurs et les moissons,
Les fruits si doux, les oiseaux, la verdure?

      Nos yeux, etc.

Qui donc suspend dans le vague des airs,
Fleuves mouvants, ces milliers de nuages!
Qui fait gronder dans ce vaste univers
Les ouragans, les splendides orages?

      Nos yeux, etc.

Chétif mortel, si plein de vanité...
Est-ce donc toi qui donna la lumière
A ces soleils qui, dans l'immensité,
Sont plus nombreux que les grains de poussière?

Nos yeux, nos sens, notre esprit, notre cœur,
Tout nous révèle un divin Créateur.

ÇA FAIT BIEN DANS LE PAYSAGE

Air : *Dis-moi Peters, mon ami* (Ours et le Pacha).

J'ai pour voisin un vieux Flamand
Qui barbouillant de la peinture,
Se figure sincèrement
Qu'il sait imiter la nature.
Hier, il peignait un ormeau,
Je lui dis : Dans votre feuillage
Mettez donc un petit oiseau, } *bis.*
Ça fait bien dans le paysage.

Claire aimait le gentil Germain,
Germain aimait la jeune Claire,
Un jour il demanda sa main,
Bref! on fut chez Monsieur le Maire.
Ces deux époux sont très heureux,
Car depuis qu'ils sont en ménage,
Ils se prennent par les cheveux :
Ça fait bien dans le paysage.

Ne trouvez-vous pas très mignons
Les frais minois de nos cocottes,

Avec leurs monstrueux chignons,
Leurs fausses hanches et leurs bottes.
Au bois, voyez Laïs avec
Ses laquais et son équipage;
Elle a la cigarette au bec :
Ça fait bien dans le paysage.

D'un orateur de carrefours,
Voyez la grotesque éloquence,
Il prononce de longs discours
Toujours en faveur de la France.
En criant à vous assourdir,
Cet ennemi de l'esclavage,
A chaque phrase fait un cuir :
Ça fait bien dans le paysage.

S'en aller traverser les mers
Pour découvrir un nouveau monde,
Peut causer des regrets amers
Si la chance ne vous seconde ;
Un jour pour garnir son buffet,
Un insulaire anthropophage,
Vous embroche comme un poulet,
Ça fait bien dans le paysage.

Des passions faisant trafic,
Aux théâtres, dans les revues,

Le directeur, au bon public,
Montre des femmes presque nues ;
On organise des ballets
Où l'on exhibe... c'est l'usage,
Des épaules et des mollets :
Ça fait bien dans le paysage.

Un soir pour l'honneur du Caveau,
Un artiste fort remarquable
(Corot, qui peint le ciel si beau),
Avec nous vint s'asseoir à table,
Grangé qui présidait lui dit
Pour lui rendre un public hommage :
Corot, chez nous... sans contredit,
Ça fait bien dans le paysage.

J'ai lu dans un vieux manuscrit,
Qu'un certain jour dans la campagne
Satan emporta Jésus-Christ
Sur une très haute montagne.
De l'Histoire Sainte... en ce lieu,
N'admirez-vous pas ce passage,
Le Diable emportant le bon Dieu :
Ça fait bien dans le paysage.

LES ANIMAUX

—

Air : *A quatr' pour un sou, les Anglais.*

On dit qu'l'homme est roi de la création,
    C'est flatteur, je n'dis pas l'contraire;
Mais malgré cela, j'ai la conviction
    Que l'Créateur eût pu mieux faire ;
    L'espèce humaine a trop de maux,
Et quand je vois de certains animaux,
    Je m'dis : En v'là qui sont heureux,
    Je changerais bien avec eux !

Nous avons chacun nos soucis, nos travaux,
    Pour gagner notre nourriture;
Pendant qu'l'Éternel au plus p'tit des oiseaux
    Gratis prodigue la pâture;
    Sans avoir besoin de l'ach'ter,
Ça trouv' toujours qu'qu'chose à becqueter ;
    Les p'tits oiseaux sont très heureux,
    Je changerais bien avec eux !

C'est peu de s'nourrir, il faut, pour s'habiller,
　　Habits, gilets, chapeaux et bottes,
Et les fournisseurs, sitôt qu'on veut briller,
　　Grassement font payer leurs notes ;
　　Les animaux, en tout's saisons,
Ont, pour s'vêtir, plumes, poils ou toisons ;
　　Ces gaillards-là sont très heureux,
　　Je changerais bien avec eux !

Sans avoir besoin, pour grossir leurs magots,
　　De chercher des actionnaires,
Portant leur maison, voyez les escargots,
　　Ils sont tous bons propriétaires ;
　　Aux prix où sont les logements,
Ça leur évit' beaucoup d'désagréments ;
　　Ah ! qu'les escargots sont heureux,
　　Je changerais bien avec eux !

Voyez les p'tits chiens, griffons, carlins, anglais,
　　Si portés pour la gourmandise ;
Le sexe enchanteur, ne r'gard' jamais aux frais
　　Pour leur offrir un'friandise ;
　　Les femm's les couch'ent sur leurs genoux,
Vous conviendrez que c'est un sort bien doux.
　　Qu'ces p'tits roquets sont donc heureux,
　　Je changerais bien avec eux !

　　　　　　　　　　　　　　4.

Lorsque le printemps vient embraser nos cœurs
    Et que vers l'amour il nous pousse,
De l'objet d'nos feux pour avoir les faveurs,
    Il faut souvent jouer du pouce;
    Voyez un coq, dans un'bass'cour,
Toujours *à l'œil* le pacha fait la cour...
    Ces coquins d'coqs sont très heureux,
    Je changerais bien avec eux !

Bref, quand je savoure, afin de m'étourdir,
    Ou du mâcon, ou du bourgogne,
Je voudrais avoir, pour doubler mon plaisir,
    L'cou long comm' celui d'un' cigogne;
    J'envie assez l'sort des lézards,
Mais, j'n'en dirai pas autant des canards,
    Ça n'boit que d'l'eau... les malheureux !
    J'voudrais pas changer avec eux !

LE CŒUR

Le cœur aux battements rapides
Est toujours dévoré par un nouveau désir,
    C'est un tonneau des Danaïdes,
    Que l'on ne peut jamais remplir.

FAUDRA QUE J'VOUS L'AMÈNE UN SOIR

Air du *Cabaret des trois Lurons.*

D'un camarade de collège
Je vais vous parler aujourd'hui ;
C'est un sujet que l'on protège,
Toutes les chances sont pour lui.
Ce garçon, bien drôle à connaître,
Est encor bien plus drôle à voir (*bis*),
Et, si vous daignez le permettre,
Faudra que j'vous l'amène un soir. } *bis*

Sa mémoire saura vous plaire
(Mon ami n'est pas un fruit sec),
Par cœur il vous débite Homère,
Car le gaillard connaît le grec ;
De ce fortuné camarade,
Vous admirerez le savoir...
Pour vous réciter l'Iliade,
Faudra que j'vous l'amène un soir.

Bien qu'il connaisse la musique,
Lorsqu'il roucoule un air plaintif,
Il vous a la voix sympathique
D'un canard que l'on plume vif.
Mais vous userez d'indulgence,
Car l'homme ne peut tout avoir...
Pour vous chanter une romance,
Faudra que j'vous l'amène un soir.

Il a plus d'un autre mérite,
Il jongle avec plusieurs chapeaux,
Et merveilleusement imite
Le cri de tous les animaux.
Il beugle, il siffle, hurle et gazouille,
Il fait Jacquot sur son perchoir...
Pour vous imiter la grenouille,
Faudra que j'vous l'amène un soir.

Très habile sur la physique,
Je dois aussi vous prévenir
Que sans se tromper il explique
Le passé comme l'avenir.
Le gaillard enlève à la course
Tabatière, montre et mouchoir...
Pour escamoter votre bourse,
Faudra que j'vous l'amène un soir.

C'est un terrible gastronome,
Il faut le voir en un festin ;
Gargantua, que l'on renomme,
Près de lui n'est qu'un galopin.
Notez bien qu'il serait capable,
A vos banquets venant s'asseoir,
De raser tout sur votre table...
Faudra que j'vous l'amène un soir.

Pour la force et pour le courage,
C'est un hercule, ou peu s'en faut ;
Il est rageur, et c'est dommage,
Car il n'a que ce seul défaut ;
Il n'est pas méchant, mais, en somme,
Sa main, large comme un battoir,
D'un simple revers vous assomme...
Faudra que j'vous l'amène un soir.

Du grand monde et du demi-monde,
Le beau sexe court après lui.
C'est un Lovelace, un Joconde
Que tout charme et que tout séduit.
Il est l'enfant chéri des dames
Qui, pour l'aimer, n'ont qu'à le voir;
Même, il saurait plaire à vos femmes...
Faudra que j'vous l'amène un soir.

Je vois à votre indifférence
(Et pour lui j'en suis attristé)
Que, de faire sa connaissance,
Nul de vous ne serait flatté.
De vous procurer sa visite
Il me faut donc perdre l'espoir...
Mais, applaudissez-moi bien vite,
Ou, sans ça, j'vous l'amène un soir !

PASSEZ-MOI LE MOT

Air : *Ça m'est égal.*

Repas confortable
Soutient ma santé,
Petit vin potable
Me met en gaîté,
J'aime en aparté
A fillette aimable
Faire un p'tit bécot,
Passez-moi le mot. *(ter)*.

D'avoir pris Charlotte
Paul est châtié
Car ell' vous l'calotte
Que c'en est pitié ;
Lorsque sa moitié
Porte la culotte
L'homme est un janot,
Passez-moi le mot.

On me dit sceptique
Plein d'impiété,
Pourtant je pratique
La fraternité.
J'n'ai jamais goûté
L'esprit jésuitique,
Je n'suis pas cagot,
Passez-moi le mot.

L'or est bien la source
De chaque plaisir,
Plutus dans sa course
Ne peut m'en offrir ;
Pauvre j'dois mourir,
Car pour moi la Bourse
Est un vrai tripot,
Passez-moi le mot.

Je suis sympatique
Aux compositeurs;
D'l'Opéra-Comique
J'aime les auteurs;
Mais j'fuis les chanteurs
Faisant d'la musique
Dans un caboulot,
Passez-moi le mot.

Quand pour son supplice
On éternuera
D'un *Dieu vous bénisse*
On vous saluera;
Cet usage-là
Faudra qu'ça finisse
C'est bête comme un pot.
Passez-moi le mot.

Le Chinois révère
Et mange à foison
Cricris, vers de terre
Et du hanneton...
Peut-on trouver bon
Un tel ordinaire?
Ah! quel chien d'fricot !..
Passez-moi le mot.

Quand dans votre lice,
Je viens pour lutter,
J'vous l'dis sans malice
Pour me contenter ;
Quand j'cesse de chanter
J'aim' qu'on m'applaudisse
A Tirlarigot,
Passez-moi le mot.

C'EST TOUJOURS LA MÊME FICELLE

Air des *Coquilles*.

Au diable l'uniformité,
De l'ennui, c'est vraiment la mère,
Par elle je suis attristé
De ce que je vois sur la terre.
Se reposer, marcher, courir,
Souffler, rallumer sa chandelle,
Boire et manger, veiller, dormir, } *bis.*
C'est toujours la même ficelle.

5

Un nez plus ou moins retroussé,
Une taille plus ou moins fine,
Chignon plus ou moins renforcé
Et jambe plus ou moins divine;
Soupirs, billets doux, faux serments.
Près de Suzon ou près d'Adèle,
Brouilles et raccommodements,
C'est toujours la même ficelle.

Un roi qui fait de beaux discours
Pensant raffermir sa couronne,
Puis, tout-à-coup, dans les faubourgs,
La fusillade qui résonne.
Au profit de la nation
Jamais un trône ne chancelle,
Car, grâce à la réaction,
C'est toujours la même ficelle.

« Sur moi daigne fixer ton choix,
Peuple français, peuple de braves !
Si tu veux me donner ta voix
Je saurai briser tes entraves.
Grâce à moi la prospérité
Va prendre une face nouvelle. »
Pour être nommé député,
C'est toujours la même ficelle.

Le mélodrame anciennement
Faisait triompher l'innocence ;
Un bon gendarme, au dénouement,
Représentait la Providence...
Ce vieux genre, avec plus de chic,
Au théâtre se renouvelle ;
Pour empoigner le bon public,
C'est toujours la même ficelle.

« Apportez-nous tout votre sac,
Accourez chers actionnaires,
C'est le baron de Blagmicmac
Qui gère chez nous les affaires ;
Après les mines du Congo
Vous pouvez retirer l'échelle. »
Pour pincer l'argent du *gogo*,
C'est toujours la même ficelle.

Lorsqu'il termine sa chanson,
L'auteur, prenant un air modeste,
Vient vous avouer, sans façon,
Qu'il craint d'emporter une *veste*.
« Ah ! s'il possédait seulement
L'esprit qui chez vous étincelle... »
Pour quêter l'applaudissement,
C'est toujours la même ficelle.

ÇA N'SE TROUV' PAS DANS L'PAS D'UN CH'VAL

A MON AMI VICTOR PAIN

AIR : { *Jadis un célèbre Empereur,*
       { ou du *Bon Ange* (de BÉRANGER).

Pour notre banquet de ce soir,
Depuis quinze jours je rimaille,
D'être amusant j'avais l'espoir
Mais, je n'ai trouvé rien qui vaille ;
Dame ! un sujet original,
Ça n'se trouv' pas dans l'pas d'un ch'val.

Le vieux refrain d'une chanson
Dit que l'or est une chimère ;
Moi, je l'avouerai sans façon,
En avoir ferait mon affaire...
Malheureusement, ce métal,
Ça n'se trouv' pas dans l'pas d'un ch'val.

Pour parvenir, Gros-Jean, mon vieux,
Tu veux partir en volontaire,
Tu ferais peut-être bien mieux
De cultiver ton coin de terre ;
Car, un bâton de maréchal,
Ça n'se trouv' pas dans l'pas d'un ch'val.

Un artiste sans vanité,
Un Normand craignant la chicane,
Un lord sans excentricité,
Du cœur chez une courtisane,
Un croque-mort bien jovial,
Ça n'se trouv' pas dans l'pas d'un ch'val.

Un Gascon menteur à demi,
Un harpagon sans petitesse,
Un loyal et sincère ami
Qui, vous sachant dans la détresse,
Pour vous soit toujours libéral,
Ça n'se trouv' pas dans l'pas d'un ch'val.

On vit bien vertueusement
Dans le petit bourg de Nanterre,
Tous les ans, régulièrement,
On y couronne une rosière ;
Pourtant, un tendron virginal,
Ça n'se trouv' pas dans l'pas d'un ch'val.

Je n'ai pas la prétention
A coco de couper la patte,
Captiver votre attention,
Cela me suffit et me flatte,
Car un succès pyramidal,
Ça n'se trouv' pas dans l'pas d'un ch'val.

LES CHANOINES DE BACCHUS

CHANT D'OUVERTURE

Air : *C'est la Retraite* (Loïsa Pujet).

Dotant l'écho de joyeux sons,
Jetons dans les airs nos folles chansons;
Au bruit des grelots de Momus,
Entonnons nos gais *Oremus*.

De Comus soyons joyeux chanoines,
Et prenons Bacchus pour grand prieur,
Montrons-nous friands comme des moines
En sablant la bachique liqueur.

Foin! des monastères
Où l'on sonne un affreux bourdon,
Tintons sur nos verres
Un doux carillon.

Dotant, etc.

Pour autel quand nous prenons la table,
Que chacun ici jette un regard
Sur cette burette respectable,
Où jadis buvait le bon Panard.
Pour la bonne chère
Ayons, désirant bien dîner,
Comme bréviaire
L'art de *cuisiner*.

Dotant, etc.

Ne baptisons pas le jus d'automne;
Jamais l'eau n'a su plaire aux buveurs.
Sainte amitié, sois notre patronne,
De tes feux, viens embraser nos cœurs.
Ayons pour devise :
« Le plaisir est notre seul but,
» Hors de notre église,
» Non... pas de salut... »

Dotant, etc.

Éloignons de nos cérémonies
Et l'orgueil et la rivalité ;
Ne chantons pour toutes litanies
Que des vers dictés par la gaîté.
  Si par nos musettes
 Nous prétendons gagner le ciel,
  De nos chansonnettes
  Bannissons le fiel.

   Dotant, etc.

Chansonniers du temple d'Épicure,
Montrons-nous les zélés desservants ;
Jouissons des dons de la nature :
Le bonheur est pour les bons vivants !
  Des anciens adages,
 Mes bons amis, souvenez-vous :
  » *Les fous sont les sages,*
  » *Les sages sont fous.* »

 Dotant l'écho de joyeux sons,
Jetons dans les airs nos folles chansons ;
 Au bruit des grelots de Momus,
 Entonnons nos gais *Oremus*.

V'LA QU'TOUT ÇA DÉGRINGOLE

Air du *Curé de Pomponne*.

Lorsque j'étais au régiment,
　Je m'souviens qu'un dimanche,
Chez ma Fanchon, complaisamment,
　Je posais une planche.
Sur cette planche elle plaça
　Vaisselle et casserole,
　　Un tasseau céda,
　　　Oh! la la,
　V'là tout qui dégringole.

Perrette, allant vendre son lait,
　Calculait sa recette,
Pensant bien qu'elle achèterait
　Basse-cour et toilette.
La belle en faisant d'beaux projets
　Sauta comme une folle,
　　Crac! les affiquets,
　　　Les poulets,
　V'là tout qui dégringole.

S.

A vingt ans, j'avais l'teint fleuri
   Et blonde chevelure,
Du sexe faible étant chéri,
   J'eus plus d'une aventure.
Mais maint'nant que j'suis un peu vieux
   (Sans que ça me désole),
    Ils sont peu nombreux,
      Mes cheveux !
   V'là tout qui dégringole.

J'aime à voir, autour de Paris,
   Aux fêtes d'la campagne,
Ceux qui vont pour gagner un prix,
   Grimper aux mâts d'cocagne.
En l'air ils suivent leur trajet,
   Sans dire une parole,
    Près d'pincer l'objet.
      Quel déchet !...
   V'là tout qui dégringole.

A régner despotiquement
   On ne réussit guère...
Car le peuple et l'gouvernement
   Se font toujours la guerre.
Couronne en tête, on croit devoir

N'être pas bénévole.
Un jour, trône, avoir
Et pouvoir,
V'là tout qui dégringole.

De tes magnifiques appas,
O ma chère Angélique,
Jadis, je n'en disconviens pas,
J'admirais la plastique.
Aujourd'hui c'est bien baissé d'ton
Car, sans ta camisole,
Malgré le cordon
Du jupon,
V'là tout qui dégringole.

Dans une noce d'Auvergnats,
A la chaussur' ferrée,
On faisait d'rudes entrechats
En dansant la bourrée.
Le marié, vrai furibond,
Faisant un'cabriole,
Défonça d'un bond
Le plafond,
V'là tout qui dégringole.

On bâtit des milliers d'projets
　　Dans sa folle jeunesse,
Pour avoir de très-beaux bugdets,
　　Honneurs, gloire et richesse.
La Bourse alors, sous ce rapport,
　　Bientôt vous affriole...
　　　Vienne un coup du sort,
　　　　Ou la mort,
V'là tout qui dégringole.

UN FARCEUR

SCÈNE COMIQUE

Air des *Pantins*

Partout on m'invite,
En société,
On admire, on cite
Mon chic, ma gaité.
Ça n'est pas pour dire,
Parole d'honneur,
Je suis pour le rire
Un gentil farceur.

D'un chapeau tout neuf, faites-vous l'emplète,
Crac! en badinant je m'assied dessus,
Et l'aplatissant comme une galette,
En un tour de main, j'en fais un gibus,
Alors nous rions comme des bossus;
Sur votre gilet, j'indique une tache,
Vous baissez les yeux.,. vous examinez,
Je tire aussitôt sur votre moustache
Ou bien je vous flanque un coup sur le nez.

  Partout, etc.

Tout en l'invitant à se mettre à l'aise
Quand dans un salon, je vois un jobard,
J'offre poliment la plus belle chaise
En disant : « Monsieur, quel heureux hasard
Daignez prendre place ici sans retard. »
Ne se doutant pas qu'on lui tend un piège,
Notre homme s'assied, sans penser à rien,
Moi, tout aussitôt, retirant le siège,
Je le fais tomber sur... son... méridien.

  Partout, etc.

D'un monsieur qui boit, je pousse le coude.
Quelqu'un chante-t-il, je feins de bâiller.
Dans un omnibus, sur vous je m'accoude
En faisant semblant de bien sommeiller,

Je prends votre dos pour mon oreiller ;
De tous mes voisins, bouchant les serrures
Je cause souvent de fiers embarras :
Sur vos paillassons, je mets des ordures,
Je suis trop futé... je ne vivrai pas.

  Partout, etc.

Sans vous l'affranchir du Havre ou de Lille
J'adresse un colis bien enjolivé,
Sur lequel j'ai soin d'écrire *fragile*,
Vous payez le port, très bien arrivé,
Et puis vous trouvez... un très beau pavé...
Chez vous des rideaux je défais les tringles,
Dans votre parquet j'enfonce des clous,
Sur vos canapés je mets des épingles,
Dans le piano, je mets des cailloux !..

  Partout, etc.

Quand dans un dessert le champagne mousse,
De ce vin qui monte le *bourrichon*,
Gracieusement, je vous éclabousse,
Puis, prenant alors un air folichon,
Je fais dans vos yeux partir le bouchon.
Guêtant finement si l'on me regarde,
Pour être agréable au consommateur,

Dans votre café, mets de la moutarde
Du poivre et du sel dans chaque liqueur.

  Partout, etc.

Puis, lorsque parfois, je vais au théâtre
J'ai des hannetons dans un petit sac,
Et pour égayer la foule idolâtre
Je les lâche tous, jugez quel mic-mac,
Pour le pauvre acteur, quel coup de jarnac.
De mes malins tours, j'ai fini la liste,
Si cela, messieurs, pouvait vous choquer,
Sans ménagement tombez sur l'artiste
Et, pour le punir... daignez le claquer.

  Partout on m'invite,
  En société
  On admire, on cite
  Mon chic, ma gaîté.
  Ça n'est pas pour dire,
  Parole d'honneur,
  Je suis pour le rire
  Un gentil farceur.

IL FAUT SAVOIR MENTIR

Air de *la Treille de Sincérité*

La franchise
   Est une sottise,
Dans ce monde pour réussir
Souvent, il faut savoir mentir.   (*bis*)

A mon esprit, dans ma jeunesse,
Le mensonge était étranger,
J'étais franc, quelle maladresse !
Mais de ce défaut passager
Plus tard j'ai su me corriger.
En mainte et mainte circonstance
Dissimuler ne fait pas mal,
Si l'on disait tout ce qu'on pense,
On passerait pour un brutal ;

   La franchise, etc.

Désirant goûter du ménage,
A fillette je fis la cour,
Elle apportait en mariage
Cent mille francs, et peu d'amour,
Quand sa mère me dit un jour :
— Pour épouser ma Rodogune,
Vous êtes riche assurément ?
— Madame, je suis sans fortune
On m'évinça, très poliment.

    La franchise, etc.

Sur un drame très lamentable
Un ami vint me consulter,
Je lui dis : cher, c'est pitoyable ;
Bien que ça puisse t'affecter,
Je ne puis te complimenter
Ce langage, hélas ! très sincère
M'en fit un ennemi mortel,
Même il jura dans sa colère
De m'expédier un cartel.

    La franchise, etc.

D'une vieille et sensible tante,
Je devais être l'héritier,
Le logis de cette parente
Était le toit hospitalier

Des chiens et des chats du quartier ;
Un jour à cette tante Ursule,
Je dis avec sincérité :
Tant d'animaux ! c'est ridicule,
Et crac ! je fus déshérité.

  La franchise, etc,

Paul épouse la jeune Claire,
La croyant neuve tout-à-fait,
Six mois après il devint père
Pendant que sa femme souffrait,
Le pauvre Paul se lamentait ;
Son épouse, voyant ses larmes,
Lui cria, très ingénuement :
« Mon ami, calme tes alarmes
» Tu n'es pour rien dans mon tourment. »

  La franchise, etc.

Tous les mois, lorsqu'à votre table
De chanter arrive mon tour,
J'éprouve la crainte excusable,
Mes chers amis, de faire *four*,
Je dois l'avouer sans détour.
Applaudissez ma chansonnette,
Vos bravos vont me stimuler ;

Et si vous la jugez mal faite
Frappez fort pour dissimuler.

La franchise
Est une sottise
Dans ce monde pour réussir
Souvent il faut savoir mentir   (bis)

ÇA LUI R'SSEMBLE JOLIMENT

—

Air de *Fanchon*

Marchant à l'aventure,
Hier, une voiture,
Près de moi passa lentement ;
Ça ne sent pas la rose,
Dis-je en m'éloignant vivement ;
Si ça n'est pas d'la... chose,   } bis
Ça lui r'ssemble joliment.

Voyez cette fillette,
Qui, le soir, en cachette,
Chez elle admet plus d'un amant;
Les yeux fixés à terre,
Elle marche pudiquement;
Si c'n'est pas une rosière,
Ça lui r'ssemble joliment.

J'estime peu la guerre,
Mais l'habit militaire
Me cause du ravissement!
Faisant trêve au mutisme,
Souvent j'acclame un régiment;
Si c'n'est pas du civisme,
Ça lui r'ssemble joliment.

D'un vin blanc qui pétille
Et qui vous émoustille,
On peut s'humecter décemment.
De battre la campagne,
Pour cinq francs on a l'agrément;
Si c'n'est pas du champagne,
Ça lui r'ssemble joliment.

Pour l'amour d'une belle,
Se brûler la cervelle,
Faut avoir du tempérament!

Vouloir quitter la vie
Pour le plus mince embêtement;
Si c'n'est pas d'la folie,
Ça lui r'ssemble joliment.

Dans le drame moderne,
Le public que l'on berne
S'amuse vertueusement;
Aux bravos de la salle,
Le traître expire au dénouement;
Si c'n'est pas d'la morale.
Ça lui r'ssemble joliment.

Bien que cette bluette,
Amis, soit imparfaite,
Claquez tous cordialement;
Si mon œuvre est mauvaise,
Et n'est pas positivement
De la gaîté française,
Ça lui r'ssemble joliment.

FORCE MAJEURE

AIR : *V'là c'que c'est qu'd'aller au bois.*

Ne me privant jamais de rien,
J'suis né pour être épicurien,
La table, voilà mon affaire,
    Dans l'art culinaire,
    J'ai du savoir-faire ;
C'est en vain qu'on veut m'le r'procher,
    Je n'peux pas m'en empêcher.

Trahi par plus d'un tendre objet,
Vingt fois, j'ai formé le projet
De m'cuirasser d'indifférence ;
    Mais qu'un' bell' s'avance,
    Adieu ma prudence...
Bien loin de fuir, j'veux m'approcher ;
    Je n'peux pas m'en empêcher.

Hier, l'épouse d'mon voisin
Lui reprochait d'trop aimer l'vin :
« Que veux-tu, lui dit-il, ma vieille,
» Quand j'vois un' bouteille
» De jus de la treille,
» Je m'sens l'besoin d'la déboucher;
» Je n'peux pas m'en empêcher. »

Au café, j'vais en amateur,
Mais quand j'y rencontre un *raseur*
Qui, sans s'piquer d'être logique,
D'un ton frénétique,
Jase politique,
J'enfil' la porte et j'vais m'coucher;
Je n'peux pas m'en empêcher.

Un d'mes parents, dernièrement,
M'a couché sur son testament;
Bien qu'j'ai pour lui d'la reconnaissance,
Malgré moi je pense
Que d'fuir l'existence
I n'frait pas mal de s'dépêcher;
Je n'peux pas m'en empêcher.

Au juge qui le gourmandait,
Un vieux *pick-pokett* répondait

« Mon magistrat, bien que j'm'en r'pente,
» C'est l'diable qui m'tente,
» Quand j'vois un' *toquante*,
» Ça m'donn' envi' d'la décrocher;
» Je n'peux pas m'en empêcher ! »

LA TROMPETTE A PAPA

—

AIR du *Bon Ange* (BÉRANGER)

Ce soir j'apporte une chanson,
Qui (je m'en flatte) est d'un bon style;
Pour n'en pas aimer la façon,
Il faudrait être difficile...
Écoutez, car ce refrain-là
Sort de la trompette à papa !

Au collège, un peu garnement,
J'étais très-fort à la toupie,
Et l'on m'enseigna vainement,
L'histoire et la géographie.
On n'a jamais pu fourrer ça
Dans la trompette de papa.

Bien plus tard (sans me désoler)
J'appris que ce qu'on nomme *usage*
Était l'art de dissimuler
Et de composer son visage ;
Au grand jamais un masque n'a
Caché la trompette à papa.

A vingt ans, que de mille fois
Faisant le voyage à Cythère,
J'ai mis le beau sexe aux abois...
Aujourd'hui, c'est une autre affaire ;
L'amour s'enfuit, voyant déjà
Blanchir la trompette à papa.

Sans me mettre au rang des pochards
J'aime à vider une bouteille ;
Dieu créa l'eau pour les canards,
C'est pour l'homme qu'il fit la treille.
Pour voir si je comprends cela,
Voyez la trompette à papa !

On vient de refaire un tableau
De la pléiade chansonnière
Des joyeux membres du Caveau ;
Ah ! pour moi quelle belle affaire
De voir parmi ces portraits-là
Poser la trompette à papa !

6

La langue verte a des appas,
Elle est très-utile au poète ;
Par elle, on comprend, n'est-ce pas ?
Que trompette veut dire tête :
Utilisant ce genre-là,
J'ai fait la trompette à papa !

MA TANTE

Air : *Mon père était pot.*

Tout travaille dans l'univers,
    L'homme ainsi que l'abeille,
Pour rimailler de mauvais vers
    Plus d'un poète veille ;
      Paul est vigneron,
      Éloi, forgeron,
    Purgon, médicamente,
      Pierre est du barreau,
      Jean, chef de bureau
Chez ma très chère *Tante*.

Ma *Tante* est connue à Paris,
    Chez elle l'on se presse,

Aussi, combien d'objets de prix
Reçoit-elle sans cesse.
Souvent un gandin,
Pauvre muscadin,
Et cocotte fringante,
En plein carnaval
Pour aller au bal
Vont consulter ma *Tante.*

Chez ma *Tante,* matin et soir,
On vient en confiance,
Elle a pour ceux qui vont la voir
De la *reconnaissance...*
Sans calomnier,
On ne peut nier,
Qu'elle est fort obligeante;
Aussi que de gens
Des plus indigents
Ont recours à ma *Tante.*

Au jour de l'an, qui nous fait voir
Des choses bien étranges,
Qui dans le monde fait pleuvoir
Des baisers, des oranges,
Les fils, les commis,
Se montrent soumis,

Chacun se complimente,
   Plus d'un amoureux,
   Fait pour deux beaux yeux
Des emprunts à ma *Tante*.

Naguère on allait marier
   Dans ma propre famille,
A certain riche financier
   Une fort belle fille.
     Comme oncle je dois
     Me montrer courtois,
Car ma nièce est charmante!
     Pour que mon cadeau
     Soit trouvé très beau,
Je m'adresse à ma *Tante*.

Arthur veut faire un bon repas
   Avec brune fillette,
Mais dans son gousset il n'a pas,
   Somme assez rondelette.
     Va donc mettre au *clou*
     Quelque vieux bijou?
Lui dit sa tendre amante;
     Et notre homme avant
     D'entrer chez Brébant
Fait visite à ma *Tante*.

Au gai Caveau pour écouter
La vive chansonnette,
Je dois d'abord m'exécuter
En payant la *dînette*.
Quoique bon vivant,
Je manque souvent,
Quand ma bourse est absente;
Mais pour ce banquet,
Voici mon secret...
Je vais trouver ma *Tante*.

ÇA N'EST PAS MA TOQUADE

Air : *Ah! qu'il est doux de vendanger.*

Roucouler amoureusement,
Sentimentalement,
En *ut* dièze ou *si* bémol,
M'a toujours semblé fade;
Singer le rossignol,
Ça n'est pas ma toquade!

B.

Je ris quand je vois dans un bal
  (En se donnant du mal),
Au bruit du piston, du crincrin,
  Un danseur qui gambade;
  Sauter comme un pantin,
  Ça n'est pas ma toquade!

J'estime le jus du tonneau,
  Et je le bois sans eau;
Dût-on me traiter de pochard,
  Je hais la limonade;
  Imiter le canard,
  Ça n'est pas ma toquade!

Jamais mon pied (c'est bien certain)
  N'a chaussé le patin,
Je sais qu'on patine beaucoup,
  Mais je crains la glissade,
  Car... me rompre le cou,
  Ça n'est pas ma toquade!

Tous les mois, lorsque sans façon
  Chacun dit sa chanson,
Je suis fier de rivaliser
  Avec un camarade;
  Quant à le jalouser,
  Ça n'est pas ma toquade!

Je fais près du sexe trompeur
L'amour à la vapeur,
Je vous escamote un baiser
Ainsi qu'une muscade ;
Aimer, sans rien oser,
Ça n'est pas ma toquade !

Je suis heureux d'obtenir vos
Sympathiques bravos,
J'aime assez, quand je dois chanter,
Briller à la passade ;
Mais de vous dégoter
Je n'ai pas la toquade !

Y N'FAUT PAS TANT D'BEURRE...

Air : *Oui, voilà la vie*, etc.

Se casser la tête,
Pour faire un couplet,
Chercher la p'tit'bête,
Moi, ça me déplaît ;
Car, en moins d'une heure,

Sans rime et sans raison,
Je bâcle une chanson.

 Y n'faut pas tant d'beurre,
   Tant d'beurre,
 Y n'faut pas tant d'beurre
 Pour faire un quartr'on!

 De chaque maîtresse,
 Riche matador,
 Payant la tendresse,
 Prodigue ton or!
 Moi, dans ma demeure,
Brûlant comme un tison,
A *l'œil* j'aim' ma Suzon :

 Y n'faut pas, etc.

 A dame ou d'moiselle,
 Quand j'fais un doigt d'cour,
 Je lui dis : « La belle,
 « Pour vous j'ai d'l'amour.
 « Vous êtes majeure,
« Répondez!... nom d'un nom!
« C'est t'y oui — c'est t'y non? »

 Y n'faut pas, etc.

Pour régler en France
Tout's nos libertés,
On met en présence
Sept cents députés;
C'est vraiment un leurre :
Avec vingt, chiffre rond,
Ce serait aussi bon.

Y n'faut pas, etc.

Pourquoi donc, fillettes,
Offrir à nos yeux
Vos folles toilettes
Ainsi qu'vos faux ch'veux?
Quand ma bouche effleure
Minois frais et mignon,
Que m'importe un chignon?

Y n'faut pas, etc.

Le vieux mélodrame
Me faisait plaisir;
Du nouveau la trame
M'fait toujours dormir.
Pour que l'traître meure
Par le fer ou l'poison,
Vingt tableaux, c'est trop long!

Y n'faut pas, etc.

Pour narguer sur terre
La fatalité,
Faut du caractère,
Et de la gaîté ;
La chos' la meilleure,
C'est d'être un franc luron
Serviable et tout rond.

Y n'faut pas tant d'beurre,
Tant d'beurre,
Y n'faut pas tant d'beurre
Pour faire un quart'ron !

UN PROVERBE

Lise était malade d'amour,
On voyait la pauvre fillette
Changer, pâlir de jour en jour.
Un matin, sa tante inquiète
Lui dit : écoute, cher trésor,
L'hymen pour nous distraire à de doux intermèdes
Épouse ton cousin, le beau tambour-major
Car, *aux grands maux, les grands remèdes.*

A MA MUSE

BOUTADE LYRIQUE

> C'est à vous, mon esprit, à qui je veux parler.
> BOILEAU.

AIR : *Halte-là ! la Garde royale est là*.

C'est à vous, ma folle muse,
Que ce soir je veux parler :
De sans-gêne on vous accuse,
Pourquoi le dissimuler ?
Votre lyrique délire
Vous fait rimer de travers,
Permettez-moi de vous dire
Que vous négligez vos vers ;
    Halte-là ! *(bis)*
Travaillez mieux que cela !

Devenez plus poétique
Et soyez moins sans façons,

Surtout que la politique
N'entre pas dans vos chansons.
Ne dites pas que la France
« D'un revers se vengera. »
Ce couplet de circonstance
On vous le supprimera ;
  Halte-là !
Ne touchez pas à cela !

Pour Dieu ! soyez moins frivole,
Marchez en baissant les yeux,
Sachez que la gaudriole
Est un genre scandaleux ;
En croyant faire merveille,
Ma musette, il est certain
Que vous offensez l'oreille
De l'amateur puritain.
  Halte-là !
Gazez-donc mieux que cela !

Ne parlez plus, je vous prie,
De Comus, Plutus, Momus,
Bref, de la mythologie
Laissez tous les noms en *us*.
Par cette vieille méthode
On fatigue les échos,

Ces dieux jadis à la mode
Sont devenus rococos...
  Halte-là !
On ne chante plus cela !

Vous préconisez la treille ;
De vous que pensera-t-on ?
Fi donc ! chanter la bouteille,
C'est vieux, et c'est mauvais ton !
A cette manie, en somme,
Il est temps de mettre arrêt ;
Voulez-vous donc qu'on vous nomme :
La muse du cabaret ?...
  Halte-là !
Corrigez-vous de cela !

Si vous faites de la prose
Quand vous prétendez rimer,
Comment voulez-vous qu'on ose
Décemment vous imprimer ?
Cela m'attire des plaintes,
Vous épuisez vos sujets,
Vos œuvres sont des complaintes
Tant vous mettez de couplets ;
  Halte-là !
Faites-en moins que cela !

LE TEMPS FUIT

A MON VIEIL AMI A. GANDA

Air de *Philoctète*

Il va finir, ce fraternel repas
Où les bons mots naissent avec largesse ;
Rions, chantons, hâtons-nous, le temps presse,
L'heure s'écoule, et ne s'arrête pas !
Non tu n'es pas une vaine chimère,
Amitié sainte, ô trésor sans pareil ;
Quand nos flonflons provoquent ton réveil,
Daigne sourire au choc de chaque verre !

Nous subissons l'hiver et ses frimas,
La bise souffle, et les oiseaux en nombre
Pour retrouver un ciel pur et moins sombre,
Se sont enfuis vers de plus chauds climats.
Bravant du froid la rigueur passagère,
Jusqu'au retour des fleurs et des moissons,
En attendant la fonte des glaçons,
Sachons remplir et vider notre verre !

Souvent le sort a pour nous des rigueurs,
Mais pour calmer les maux que l'on endure,
Un Dieu puissant, en créant la nature,
Plaça l'espoir tout près de nos douleurs.
La Poésie étend sur nos misères
Ses ailes d'or, ses douces fictions,
Et grâce au vin, combien d'illusions,
Quand nous buvons, s'exhalent de nos verres!

Tant que l'amour voudra suivre nos pas,
Nous braverons le temps qui nous assiège;
En vain nos fronts se couronnent de neige,
O mes amis, le cœur ne vieillit pas;
Ah! de Lisette, Augustine ou Glycère,
Si nous voulons mériter les faveurs,
Buvons! le vin est propice aux buveurs,
La volupté se cache au fond du verre!

En pétillant, prends ton bruyant essor,
Aï mousseux, liqueur diamantée,
Pars et, fuyant ta prison argentée,
Dans le cristal lance tes perles d'or!
En inspirant nos musettes légères
Philtre divin, cher à l'humanité,
Viens parmi nous répandre la gaîté,
Nous te tendons et nos bras et nos verres!

A MON AMI CONSTANT CHEFSAILLES

MON MARCHAND DE VIN, QUI M'AVAIT DEMANDÉ
UNE CHANSON

—

AIR : *La Bonne Aventure*, etc.

Francs buveurs qui savourez
    Le jus des futailles,
Vous, gourmands, qui préférez
    Tendres boustifailles,
Je connais un franc garçon
Qui vend d'excellent picton :
    C'est Constant Chefsailles,
      O gué !
    C'est Constant Chefsailles.

Mais je dois, premièrement,
    Dire avec franchise
Que son établissement
    Est près d'une église.

Ce fait, qui n'a l'air de rien,
Veut que son vin soit chrétien.
    Constant le baptise,
        O gué !
    Constant le baptise.

S'il met parfois dans son vin
    Une eau pure et belle,
C'est un remède divin
    Pour sa clientèle.
Il dit qu'il se met en frais
Pour nous rendre le *teint frais*.
    Méthode nouvelle,
        O gué !
    Méthode nouvelle.

Mais laissons un peu l'époux
    Pour chanter l'épouse :
Fraîcheur, sourire, œil bien doux,
    D'humeur peu jalouse ;
Pour la dépeindre au complet,
Ce serait peu d'un couplet :
    Il en faudrait douze,
        O gué !
    Il en faudrait douze.

Devant ce minois joli,
    Chacun s'émerveille ;
Mais, par malheur, le mari
    Trop souvent sommeille.
Il dort que c'en est pitié,
En laissant à sa moitié
    La puce à l'oreille,
        O gué !
    La puce à l'oreille.

Du joyeux papa Momus,
    Fêtant la marotte,
J'aime aussi près de Vénus
    Pousser une botte ;
J'engage l'ami Constant
Tous les jours d'en faire autant.
    Sans être marmotte,
        O gué !
    Sans être marmotte.

De ma follette chanson,
    Si Constant murmure,
J'en vais, sans nulle façon,
    Faire la clôture.
S'il se fâche, nom d'un nom !

Chez lui, je prends un... *canon.*
La bonne rupture,
O gué!
La bonne rupture.

MA PHILOSOPHIE

AIR : *Fanfan la Tulipe.*

La destruction du monde
Est un mythe, puisqu'enfin,
De notre machine ronde
Dieu ne peut vouloir la fin ;
Pourquoi redouter une comète,
Pour la vigne, amis, c'est un trésor !
    Loin de t'engloutir,
    De t'anéantir,
      Suis encor
      Ton essor,
      O planète!
    Tant que l'on pourra
      Larirette,
    On te peuplera
      Larira.

Près de gentille maîtresse,
Feindre de beaux sentiments,
Jurer d'adorer sans cesse,
Et trahir tous ses serments;
On consulte en vain la pâquerette
Pour savoir si l'on vous oubliera,
  Que ce soit Lison,
  Jeannette ou Suzon,
   Paméla,
   Floriska
   Ou Lisette;
  Tant qu'on aimera
   Larirette,
  On se trompera
   Larira.

Un docteur d'humeur falote,
Nous a dit, et je le crois,
Qu'on doit prendre une culotte,
Au moins une fois par mois;
C'est à tort qu'on blâme sa recette,
De Bacchus on aime le nectar,
  Que ce soit du bon,
  Bourgogne ou Mâcon,
   Du flambard,
   Vieux Pomard

Ou piquette,
Tant que l'on boira
Larirette,
On se grisera
Larira.

Tout au sortir de l'enfance,
Bien qu'étant un peu musard,
J'avais de la répugnance
Pour tous les jeux de hasard;
Près d'un tapis vert où l'or se jette
Je plaignais celui qui se risquait,
J'étais attristé;
Car, soit l'écarté,
Le piquet,
Le jacquet,
La roulette,
Tant que l'on jouera
Larirette,
On se trichera
Larira.

Les romans à cinq centimes
Font tressaillir les lecteurs,
C'est un magasin de crimes,
Un assortiment d'horreurs!...
Chaque gravure est très gentillette

Et vous offre un ravissant tableau,
Là c'est un cercueil,
Une femme en deuil,
Un caveau,
Un tombeau,
Un squelette ;
Tant qu'on lira ça
Larirette,
On s'abrutira
Larira.

Un repas très confortable,
Malgré tout ce qu'on y sert,
Ne me paraît agréable
Que si l'on chante au dessert ;
Quand on a joué de la fourchette,
Chers amis, retenez bien cela,
Puisque la gaîté
Nous tient en santé,
Tra, la, la,
Poussons la
Chansonnette ;
Tant qu'on chantera
Larirette,
On applaudira
Larira.

D'BON CŒUR

A mon cher maître et ami, M. le Docteur AULAGNIER

AIR : *Tarare Pompon*

De Duprez je n'ai pas
La voix forte et magique,
Et pourtant, je m'en pique,
Au dessert, d'un repas
Bannissant l'étiquette,
Mère de la froideur,
Je pousse ma bluette
    D'bon cœur.

Désireux d'obtenir
Tout le bonheur possible,
Dès qu'il m'est accessible
Je saisis le plaisir...
Le soir, bien qu'on me raille,
J'aime à vivre en flâneur ;
Mais le jour je travaille
    D'bon cœur.

Qu'un ami jeune ou vieux
Vienne heurter ma porte,
Le bonjour qu'il m'apporte
Me rend toujours joyeux.
L'installant à ma table,
J'offre à mon visiteur
Piquette ou vin potable
    D'bon cœur.

En face de chez nous
Loge une créature
Qui, tant que le jour dure,
Crie après son époux ;
Mais quand il a sa pointe,
Ce dernier plein d'ardeur
Tape sur sa conjointe
    D'bon cœur.

Deux moines Prémontrés
A Jean, qu'on allait pendre,
Disaient d'une voix tendre :
« Au ciel vous souperez ; »
Mais, faisant la grimace,
Jean dit avec aigreur :
« Je vous cède ma place
    D'bon cœur ! »

Cher enfant, promets-moi
(Dit Elvire à son gendre),
Si la mort vient me prendre,
De soigner mon convoi.
Le beau-fils lui réplique :
Je vous ferai l'honneur
D'une messe en musique
    D'bon cœur !

ENVOI

D'un accès de gaîté
Qui fait vibrer ma lyre,
Si vous daignez sourire,
J'en serai bien flatté ;
De ce lyrique ouvrage
Mon cher et bon docteur,
Je vous offre l'hommage,
    D'bon cœur !

LA MARCHANDE DE BEURRE

—Combien donc votre beurre, adorable Javotte ?
—Deux francs la livre.—Oh ! c'est cher ; entre nous
    A quel prix le laisseriez-vous,
Si, d'un seul coup, je vous prenais la motte.

UN GAI CHANTEUR

Air de Chasse de l'Opéra *le Roi et le Fermier*,
ou : *Ma vie épicurienne* (DÉSAUGIERS).

Chanter
Sans m'attrister
Fut toujours pour moi
La joyeuse loi.
Chansons,
De vos leçons
Je suis amateur
Et rigide auteur ;
Mes vers,
Sur vos travers,
Frapperont, morbleu !
Ni trop, ni trop peu.
Je suis heureux, content,
Tant,
Tant que je fronde en chantant.

Tous les
Vins aigrelets
De Montmagny, Deuil,
Suresne, Argenteuil,
N'ont pas
Dans un repas
Les bouquets divins
De nos meilleurs vins.
Flacon
Plein de Mâcon,
Trésor de santé,
Me met en gaîté ;
Je suis heureux, content,
Tant,
Tant que je ris en chantant.

Pans, pans,
Vifs et pimpans ;
Tintins et glouglous,
Si joyeux, si doux ;
Flonflons,
Airs folichons,
Donnez de l'entrain
A chaque refrain.
Couplet,
Lorsqu'il me plaît,

Soit tendre ou grivois,
J'élève la voix;
Je suis heureux, content,
Tant,
Tant que j'amuse en chantant.

Désirs,
Tendres soupirs,
Sont pour les amants
De réels tourments.
L'Amour,
Ce dieu du jour,
Cache sous les fleurs
Peines et douleurs.
Pardon !
Cher Cupidon,
J'aime mieux Momus,
Comus et Bacchus.
Je suis heureux, content,
Tant,
Tant que je bois en chantant.

Pourtant,
Lorsqu'un instant,
Un joli minois
Vient en tapinois

Me voir,
Matin ou soir,
Loin de soupirer,
Espérer, pleurer,
Presto
Et subito,
Je me rends vainqueur
De son petit cœur.
Je suis heureux, content,
Tant,
Tant que j'adore en chantant.

Honneurs,
Titres, grandeurs,
Ne me feraient pas
Broncher d'un seul pas.
Mondor,
Le monceau d'or,
Qui brille à tes yeux,
Te rend-t-il moins vieux?
Humains,
Des parchemins
Qui font notre orgueil,
Moi, je me bats l'œil;
Je suis heureux, content,

Tant,
Tant que j'oublie en chantant.

Frondeur,
Qui, sans pudeur,
Marche en attaquant,
Piquant, provoquant,
Crois-tu,
De la vertu,
Aux yeux des mortels,
Cacher les autels.
Pitié,
Sainte amitié,
Charmeront toujours
Le cours de mes jours;
Je suis heureux, content,
Tant,
Tant que je donne en chantant.

IN VINO VERITAS

Vous vous grisez avec le jus divin,
Vous avez tort; ah ! répondit Grégoire,
Je n'ai pas tort d'aimer le vin,
Mais j'ai tort de marcher lorsque je sors d'en boire.

UNE BERGÈRE

CHANSON RÉALISTE

Air : *C'est la Canaille* (DARCIER)

De Florian lisant l'*Estelle*,
Je m'disais : les bons villageois,
Dans leur campagne toujours belle,
Sont plus heureux que les bourgeois !
Mais, certain jour, près de Nanterre,
J'ai vu (retenez bien ceci)
    Une bergère...
    Ah ! bien, merci !

Moi, qui croyais voir un'sylphide
Avec des souliers de satin,
J'trouve un'gross' fille à l'air stupide,
Chaussant un sabot plein d'crotin ;
Svelte comme un calorifère,
Un teint par le soleil noirci :
    C'est la bergère !...
    Ah ! bien, merci !

Elle n'avait pas de houlette,
Un tricot lui servait d'joujou ;
J'admirais son nez en trompette
Et ses mains couleur d'acajou.
Elle chantait sur la fougère,
Avec une voix de cricri ;
  C'est la bergère !...
  Ah ! bien, merci !

Les blancs moutons de cette belle
N'portaient pas la moindre faveur ;
Par contre, ils sentaient la chandelle
A vous en donner mal au cœur ;
Ça répandait dans l'atmosphère
Un parfum de gigot ranci,
  C'est la bergère !...
  Ah ! bien, merci !

Je vis, non loin de ce bel ange,
Un chien poussif à l'œil hagard
Qui gaîment s'roulait dans la fange
Ni plus ni moins qu'un vrai canard ;
Elle criait avec colère :
« Salaud ! veux-tu venir ici ! »
  C'est la bergère !...
  Ah ! bien, merci !

Au diable soient donc les poètes,
Et les peintres et les sculpteurs,
Représentant leurs bergerettes
Avec des rubans et des fleurs !
Mes ardeurs sont encor sincères,
Mon tendre cœur n'est pas transi ;
    Mais les bergères,
    Ah ! bien, merci !

LA FILLE A JAQU'MIN

PORTRAIT

AIR : *En revenant de Bougival en France.*

On a chanté l'amour et la fleurette,
    Tin, tin, tin, *(bis)*
    Sur un air badin,
Je veux, ce soir, vous chanter ma brunette,
    La fille à Jaqu'min. *(ter)*

Pleine d'esprit, gracieuse et follette,
    Tin, tin, tin,
    C'est un vrai lutin,
Si vous saviez comme elle est gentillette,
    La fille à Jaqu'min.

Quel pied mignon, quelle jambe bien faite,
  Tin, tin, tin,
  Quelle blanche main ;
Elle est enfin mignonne et rondelette,
  La fille à Jaqu'min.

Que de bon goût préside à sa toilette,
  Tin, tin, tin,
  Pour plaire au prochain,
Elle n'a pas besoin d'être coquette,
  La fille à Jaqu'min.

Lorsque tous deux nous faisons la dînette,
  Tin, tin, tin,
  Dans notre festin,
Il faut la voir jouer de la fourchette,
  La fille à Jaqu'min.

Son petit bec savoure la piquette,
  Tin, tin, tin,
  Ou le Chambertin.
Ah ! qu'elle est drôle alors qu'elle est pompette,
  La fille à Jaqu'min.

Lorsqu'elle chante ou romance ou bluette,
  Tin, tin, tin,

Quel timbre argentin !
Elle gazouille ainsi qu'une fauvette,
La fille à Jaqu'min.

L'amour si vrai de la tendre fillette,
Tin, tin, tin,
Charme mon destin,
Je veux toujours adorer en cachette,
La fille à Jaqu'min.

JOUISSONS DE LA VIE

Air : *Amis, buvons*, (Diamants de la Couronne).

Sans réfléchir
A l'avenir,
Sachons saisir
Un doux loisir ;
Pourquoi fuir
Le plaisir,
Puisqu'ici bas tout doit finir.

Au diable la mélancolie,
Demain ne nous appartient pas ;
De la sémillante folie,
Sans hésiter, suivons les pas ;
    Joyeux trouvères,
  Qu'ici Bacchus soit fêté,
  Et du cristal de nos verres
    Surgiront la vérité
      Et la santé ;
Cultivons et chantons la bouteille,
En songeant bien que le Créateur
A placé dans le jus de la treille
    La chaleur,
    La saveur,
  Qui charment le buveur.

    Sans réfléchir, etc.

Armons-nous de philosophie
Quand le destin nous fait souffrir,
S'il est des roses dans la vie,
Les épines s'en font sentir...
    Sur cette terre,
  Amis, le parfait bonheur
  N'est, hélas ! qu'une chimère,
  Mais prenons toujours l'honneur
    Pour gouverneur ;

A l'amitié payons notre dette
Et rendons hommage à la beauté
En goûtant près de Rose ou Lisette
  Nouveauté,
  Volupté,
 Jusqu'à satiété.

  Sans réfléchir, etc.

Pour satisfaire son caprice,
Qu'Harpagon entasse de l'or,
Moi, qui déteste l'avarice,
Je puis me passer d'un trésor;
  La Renommée
Ne me retient pas captif;
La gloire est une fumée;
Boire est un plaisir plus vif,
  Plus positif.
En sablant, comme faisait Grégoire,
Mâcon, Chambertin et vieux Pomard,
Dans nos toast honorons la mémoire
  De Panard,
  De Ronsard
 Et de gentil Bernard.

  Sans réfléchir, etc.

Afin de doubler notre ivresse
Livrons-nous à de doux transports,
Ma voix, adjurant sa paresse,
Va se mêler à vos accords;
    Le vaudeville,
Avec ses joyeux flonflons,
Joint l'agréable à l'utile.
Toujours nos folles chansons
    Sont des leçons.
Sans blesser, frondons le ridicule,
C'est le droit, le devoir des auteurs,
Frappons donc à grands coups de férule
    Les sauteurs,
    Les flatteurs
  Et les agioteurs.

    Sans réfléchir, etc.

Le destin est une médaille
Dont le revers blesse les yeux,
Que de braves gens sur la paille,
Que de fripons riches, heureux;
    Comme Héraclite,
De cela, loin de pleurer,
Imitons tous Démocrite,
A quoi bon se désoler,
    Exagérer.

Rire de tout, c'est se montrer sage,
Sur ce globe où l'homme fut jeté,
Il ne doit semer sur son passage
    Que gaîté,
    Loyauté,
Pour être regretté.

    Sans réfléchir
    A l'avenir,
    Sachons saisir
    Un doux loisir;
    Pourquoi fuir
    Le plaisir,
Puisqu'ici bas tout doit finir.

LE BOIS TORTU

Air du *Vin à quatre sous*

Le petit bois tortu
Que ma chanson désigne,
Ce bois plein de vertu, ⎫
C'est le bois de la vigne. ⎭ *bis.*

Honneur, honneur au bois tortu,
De son bel habit vert vêtu !
Bien qu'il soit un peu rebattu,
Je veux chanter le bois tortu.
  A l'homme abattu
  Il rend sa vertu,
  Et de l'impromptu
  Le trait plus pointu.
Honneur, honneur au bois tortu,
De son bel habit vert vêtu !
Bien qu'il soit un peu rebattu,
Honneur, honneur au bois tortu.

  Sur les côteaux il croit,
  Plein de sève et de force,
  Mieux que maint arbre droit,
  Malgré sa jambe torse.

Honneur, honneur au bois tortu, etc.

  Son fruit double l'ardeur
  De celui qui le cueille ;
  Pour voile, à la pudeur
  Il offre encor sa feuille.

Honneur, honneur au bois tortu, etc.

On trouve des appas
Aux roses purpurines ;
Mais la vigne n'a pas,
Comme elles, des épines.

Honneur, honneur au bois tortu, etc.

S'il prodigue aux gourmands
Sa pulpe ensoleillée,
Le feu de ses sarments
Anime la veillée.

Honneur, honneur au bois tortu, etc.

Arbuste sans pareil,
Trésor de nos agapes,
Aux baisers du soleil,
Dieu fait mûrir tes grappes !

Honneur, honneur au bois tortu, etc.

L'affreux phylloxéra
Attaque sa racine ;
Mais le cep déjouera
Sa morsure assassine.

Le fléau sera combattu,
Grâce aux savants de l'Institut,

8.

Et désormais le bois tortu
Lui chantera : turlututu !
   A l'homme abattu
   Il rend sa vertu,
   Et de l'impromptu
   Le trait plus pointu.
J'ai voulu, poëte têtu,
Traiter ce sujet rebattu,
Car Pierre Dupont n'a point eu
De brevet pour le bois tortu !

Eugène GRANGÉ et FÉNEE.

LA RAISON SANS LA RIME

FANTAISIE

Air : *Suzon sortait de son village.*

Fair' des couplets, c'est pas grand chose,
Surtout quand ça ne rime pas,
J'trouv' que c'est beaucoup plus facile

Que d'couper la patte à coco;
On prend un'plume,
Avec un'chaise,
On r'garde en l'air en s'caressant l'menton,
Quand vient un'blague,
Vite on s'dépêche
De flanquer ça sur un chiffon d'papier;
On cherche un sujet bien cocasse,
Avec un refrain pas trop vieux,
Et puis un air qui soit très chic,
Et v'là comm' ça s'pratique. *(bis)*

Il ne manque pas de voitures
Pour le servic' des Parisiens,
C'est tout d'même un'chose agréable
Pour celui qui n'aim' pas marcher ;
Dieu ! comm' ça roule,
Comm' ça circule,
Faut ouvrir l'œil pour n'pas s'fair' démolir,
Partout des fiacres,
Des équipages,
Des omnibus et des cabriolets;
De ces inventions utiles,
Dont les bourgeois sont très heureux,
Les cordonniers n'sont pas contents...
Et v'là comme ça s'pratique,

Pour aller pêcher à la ligne
C'n'est pas l'tout de s'lever matin,
Faut encor' s'déranger la veille
Pour s'procurer des asticots;
  Près d'la rivière,
  Quand on arrive,
faut d'abord amorcer tant qu'on peut,
  On prend sa gaule,
  Puis on commence,
e bras tendu pour pincer un goujon;
 On passe ainsi cinq ou six heures,
 Espérant toujours qu'ça mordra,
 Puis on attrappe... un coup d'soleil,
  Et v'là comm' ça s'pratique.

L'amour est un'bien drôle d'chose,
Dès qu'on voit un jeune tendron,
Bien franchement on se figure
Qu'on en s'ra toujours amoureux.
  Pour le séduire,
  On dit : Mam'zelle,
renez mon cœur, il ne bat que pour vous;
  Elle résiste
  Et fait la prude,
uit jours plus tard vous êtes son amant,
 Au galop, avec elle, on brûle

Le flambeau de la volupté!...
Puis, on s'quitt' pour ne plus se r'voir,
　　Et v'là comm' ça s'pratique.

N'ayant pas de goût pour la pêche,
Si, par hasard, on est chasseur,
C'est toujours la même ficelle,
La différence est un fusil.
　　　　Dans un pied d'neige
　　　　Quand on patauge,
L'onglé' aux mains, l'nez roug' comme un homard,
　　　　On guette, on trotte,
　　　　Et puis bredouille,
On r'vient orné d'un gros rhum' de cerveau;
Avant d'rentrer au domicile,
A la halle on s'paye du gibier,
Puis on dit qu'on a tué tout ça,
　　Et v'là comm' ça s'pratique.

Pour amasser une fortune,
Jadis, nos pères travaillaient.
Maintenant, on trouv' plus commode
De ne plus travailler du tout;
　　　　Par la réclame,
　　　　On insinue,
Qu'on vient d'trouver un nouveau procédé,

Sûr et facile,
Et qui consiste
A fair' du sucre avec des trognons de choux.
On prend beaucoup d'actionnaires,
Puis, avec le sac des gogos,
En Belgique on va faire un tour
Et v'là comm' ça s'pratique.

L'peuple français, c'peuple de braves,
Aime un peu trop le changement,
Il lui faudrait, pour le distraire,
Chaqu' mois un'révolution...
Pour en faire une
D'abord on crie
Que ça n'peut pas du tout marcher comm' ça,
Aux gens crédules
On mont' la tête,
Leur promettant bien plus de beurr' que d'pain.
Pour des intrigants qui se cachent
On tire les marrons du feu,
Mais c'est pas vous qui les mangez...
Et v'là comm' ça s'pratique.

LES ADJECTIFS

Air des *Fraises.*

Quand, pour faire une chanson,
  On se casse la tête,
Rester là, comme un oison,
Et ne trouver rien de bon :
  C'est bête *(ter).*

Qu'un richard à l'indigent
  Dise : Dieu vous assiste,
Et se montre diligent
A ménager son argent :
  C'est triste.

Arrivant au régiment,
  Le conscrit n'est pas brave;
Au premier engagement,
Souvent, pour son vêtement :
  C'est grave.

Souvent, pour sa dignité,
  Il faut que l'on se fâche,

Car ne pas être irrité
Quand on vient d'être insulté :
    C'est lâche...

Alors que pour s'en aller
  Il n'a que la fenêtre,
Tel qui vient de roucouler
Peut se démentibuler :
    C'est traître.

Pour avoir été vainqueur
  D'une trop fausse prude,
Un souvenir peu flatteur
Vous conduit chez le docteur :
    C'est rude.

Quand Salomon, de l'amour,
  Pratiquait l'intermède,
Il caressait en un jour
Trois cents tendrons tour à tour!
    C'est raide.

En chantant n'importe quoi,
  Si j'ai soigné mon rôle,
Je suis content comme un roi
Si l'on dit autour de moi :
    C'est drôle (*ter*).

CAROLINE

Air : *Pour rigoler, moutons...* (DALÈS aîné).

Je m'souviendrai toujours
(Car j'y songe sans cesse),
Malgré d'nombreux amours,
De ma premièr' maîtresse ;
Sur les quais, les boul'vards,
Quand, pensif, je chemine,
Tout c'qui s'offre à mes r'gards,
Me rappell' *Caroline.*

Lorsqu'elle circulait
Elle *épatait* la foule,
On eût dit qu'ell' roulait,
Ça f'sait l'effet d'un'boule ;
Quelle ampleur, nom d'un nom,
C'n'était pas un'sardine,
D'Godard, quand j'vois l'ballon,
Je pense à *Caroline.*

Il n'est pas sous l'soleil
Une femm' plus bavarde,
Ah! d'un *grelot* pareil
Que le destin vous garde ;
Quel bec et quel caquet!!!
Aussi, quand d'ma voisine
J'entends le perroquet,
Je pense à *Caroline.*

Des deux yeux ell'louchait,
C'était vraiment dommage,
Et lorsqu'elle écorchait
L'air de *Fleuve du Tage,*
Son chant n'était qu'un cri,
Sans l'moindre *ut* de poitrine,
Quand j'entends un cri-cri,
Je pense à *Caroline.*

Outre l'désagrément
D'avoir la voix fêlée
Considérablement,
La belle était grêlée...
Aussi, lorsque chez nous,
Au fond de ma cuisine,
D'l'écumoir, j'vois les trous,
Je pense à *Caroline.*

J'en étais amoureux,
Et pourtant cette ingrate
Avait les mains, les ch'veux,
D'un' couleur écarlate...
Deux ou trois pots de fard
Enluminaient sa mine.
Quand j'*bouloff'* du homard,
Je pense à *Caroline*.

Pour ne rien vous cacher,
Je dois encor vous dire,
Qu'elle aimait à *licher*
(C'qui souvent m'faisait rire).
Lorsqu'avec des amis,
De temps en temps je dîne,
Quand je m'sens un peu gris,
Je pense à *Caroline*.

BIEN A PLAINDRE

On racontait qu'un jour un loup
D'un invalide avait mangé la tête.
Ah! dit une marquise, hélas, la pauvre bête
Il n'a pas dû se régaler beaucoup.

L'ART DE CHOISIR

Air du Vaudeville de *la Dévote* (SCRIBE)

L'existence est un court voyage,
Semé de rires et de pleurs,
Laissant les ronces au passage,
Sachons ne ceuillir que les fleurs ;
N'imitons jamais Héraclite
Qui ne cessait pas de gémir ;
Pour patron prenons Démocrite
A bien vivre tout nous invite :

    C'est le plaisir
      Qu'il faut choisir,
    Sachons donc saisir   *(bis)*
      Le plaisir.

Le plaisir est de tous les âges,
Il nous charme et ne lasse pas,
Il soumet les fous et les sages,
Tous les mortels suivent ses pas ;

A sa façon chacun le rêve,
Le buveur boit pour s'étourdir,
Et l'amoureux rempli de sève
Dit, mordant à la pomme d'Ève :

 C'est le plaisir, etc.

La romance est trop langoureuse
Par elle on se sent attristé,
C'est une vieille vaporeuse
Qui porte ombrage à la gaîté ;
Parlez-moi de la gaudriole
Qu'un peu de gaze vient couvrir,
Où Fanchon fait la cabriole...
C'est le genre qui m'affriole :

 C'est le plaisir, etc.

L'espèce humaine est une chaîne
Dont tous nous sommes les anneaux,
Mêlons pour adoucir nos peines
Et nos loisirs et nos travaux ;
Sachons user des douces choses
Que la nature vient offrir :
Les vins, les femmes et les roses !
Car, malgré les censeurs moroses,

 C'est le plaisir, etc.

Que m'importe la renommée
Que me fait l'immortalité,
La gloire n'est qu'une fumée
Qui flatte notre vanité ;
Pourquoi donc pour écrire un livre
Nuit et jour veiller et pâlir ?...
Épicure, à toi je me livre,
Toi seul apprends l'art de bien vivre :

   C'est le plaisir, etc.

Le temps emporte la jeunesse,
Qui ne dure, hélas! qu'un moment ;
Nous arrivons à la vieillesse,
En approchant du dénouement ;
Notre berceau touche à la tombe,
C'est là que tout doit aboutir ;
Tour-à-tour chaque mortel tombe
Ah ! puisqu'il faut que tout succombe,

   C'est le plaisir
   Qu'il faut choisir,
  Sachons donc saisir
   Le plaisir.

CADET SANS-SOUCIS

PORTRAIT LYRIQUE

AIR nouveau de MARC CHANTAGNE.

Vrai bohémien de Paris,
  L'sort me triche, *(bis)*
On m'nomm' Cadet Sans-Soucis.
  D'tout j'me fiche ; *(bis)*
Quand je n'ai qu'un monaco,
  C'qu'est peu d'chose ; *(bis)*
Lorsque j'ai soif, de coco
  Je m'arrose : *(bis)*
Vive la sobriété,
Elle entretient la santé !...

  Tra la la,
  J'suis comm' ça,
  Je me ris de la
   Richesse ;
Sans regrets, sans tristesse,

J'flâne sans cesse,
 Et voilà.

Aux gens de tous les quartiers,
 J'suis utile ;
Car j'fais bien des p'tits métiers
 Par la ville ;
Pour serrer l'fruit d'mes travaux,
 J'n'ai pas d'caisse ;
Car souvent mes capitaux
 Sont en baisse.
Mais, n'possédant pas d'valeurs,
J'suis à l'abri des voleurs.

 Tra la la, etc.

D'miroir je n'fais pas les frais,
 Sur les places,
Pour contempler mes attraits,
 J'trouv' des glaces ;
J'ai costume de velours
 Pour toilette,
Et je coiffe tous les jours
 La casquette.
Que m'importent les railleurs,
Je ne dois rien aux tailleurs.

 Tra la la, etc.

Je mange à chaque repas
    C'que j'attrape,
Et, pour bien dîner, j'nai pas
    Besoin d'nappe;
J'sais qu'ma cuisine est un peu
    Roturière;
Heureux quand j'ai du p'tit bleu
    D'la barrière;
Le p'tit bleu (r'tenez le bien),
C'est l'champagn' du bohémien!
    Tra la la, etc.

Voir un'belle m'fait plaisir,
    Je l'admire;
Mais comm' je n'peux pas offrir
    Un cach'mire,
Pour moi fillette aux doux yeux
    Est méchante;
Et pourtant j'suis amoureux,
    Je m'en vante...
Mais j'ai toujours recherché
De l'amour à bon marché.

    Tra la la, etc.

Cherchant d'la distraction,
    Je chemine,

Et pour mon instruction,
　　Je bouquine;
Gratis j'écoute un concert,
　　Je m'en pique,
Quand un régiment me sert
　　D'la musique;
Enfin (j'vous l'dis sans orgueil),
J'prends tous mes plaisirs à l'œil.

　　Tra la la, etc.

JOLIBOIS L'INVALIDE

CHARGE LYRIQUE

Air : *On dit que je suis sans malice.*

C'est Jolibois que l'on me nomme,
Très solide et pas vilain homme,
Bien portant, frais, rosé et replet,
Mais je n'suis pas au grand complet.

Sur moi, quand le regard se pose,
On voit qu'il m'manque quelque chose,
Et l'on plaint l'pauvre Jolibois
D'être orné d'deux jambes de bois.

Au Bourget on livrait bataille,
C'est là que pleuvait la mitraille!...
J'y fus doublement amputé
Par un boulet bien ajusté...
De c't accident bien loin de geindre,
J'suis agacé, quand on veut m'plaindre,
Car j'suis content, foi d'Jolibois,
D'posséder deux jambes de bois.

Pour les dépenses de ma mise,
Comprenez c'que j'économise.
J'ris des bonn'tiers, des cordonniers,
J'n'ai pas besoin d'bas ni d'souliers;
Ça m'offre en outre l'avantage
De ne plus m'servir de cirage,
J'en usais pour six sous par mois
Avant d'avoir deux jambes d'bois.

Quand vient l'hiver et la froidure,
Aux pieds j'n'ai pas la moindre ang'lure,
Et lorsque pour philosopher,
Au coin de l'âtre, j'vas m'chauffer,

Si le feu n'flamb' pas à ma guise,
Avec mes *pilons* je l'attise,
C'est là surtout que j'm'aperçois
D'l'utilité d'mes jambes d'bois.

Sur mes deux bâtons, quand je trotte,
Les cailloux, la neige ou la crotte,
Ne m'causent pas le moindre émoi,
J'peux marcher dans... n'importe quoi ;
Quand l'temps était au variable
Mes cors m'faisaient un mal du diable,
J'n'en souffre plus comme autrefois
Grâce à mes deux jambes de bois.

Quand ma moitié fait l'diable à quatre
Je lui dis : tâche d'en rabattre,
Car bien que j'sois estropié
Je n'endur' pas qu'on m'march' sur l'pied;
Montre un peu plus d'délicatesse
Ou d'un d'mes mollets j'te caresse,
Si tu t'permets d'él'ver la voix,
Gare à mes deux jambes de bois.

LE PICOLO

Air : *Le Vieux Papa Soleil.*

C'est aujourd'hui dimanche,
Viens, mon cher Galuchet,
Pour vider un pichet,
Sans tarder, ma vieille branche,
Filons à la Maison-Blanche.

Vive le picolo,
Ça chatouille et ravigote,
C'est, d'après ma jugeotte,
Un divin lolo.

Les honneurs et la gloire,
Ne valent pas un pot
De c'vin coquelicot.
Moi, je suis comme Grégoire,
Qui préférait toujours boire.

Vive le picolo, etc.

Pour être jamais riche,
J'ai le gosier trop sec;
Mais, quand j'rinc' mon p'tit bec,
Si la fortune me triche,
De ses rigueurs je me fiche...

 Vive le picolo, etc.

Quand mon propriétaire
M'fait d'mander mon loyer,
Comm' je n'peux pas l'payer,
Pour l'engager à se taire,
Je gazouille à la portière :

 Vive le picolo, etc.

Pourquoi donc sur la ville
Avoir des actions,
Moi, mes libations...
A ma santé c'est utile,
J'crains pas d'perdre et j'dors tranquille.

 Vive le picolo, etc.

C'est pour qu'on s'débarbouille
Que l'Créateur fit l'eau,
Ça n'vaut pas l'vin nouveau.

On n'peut pas s'mettre en patrouille
Avec ce jus d'la grenouille.

    Vive le picolo, etc.

    Courtiser la fillette,
    Ça n'offre rien de sûr,
    Parlez-moi d'un nez dur.
Quand je suis un peu casquette,
J'suis amoureux d'la... feuillette.

    Vive le picolo, etc.

    De c'picton je m'arrose,
    Cher ami, car plus tard,
    Si je deviens canard,
Après la métempsychose,
Il s'ra temps d'boire autre chose.

    Vive le picolo,
Ça chatouille et ravigote,
C'est, d'après ma jugeotte,
    Un divin lolo.

LA MÉTAMORPHOSE D'ACTÉON

GRANDE COMPLAINTE MYTHOLOGIQUE

Air de *Fualdès*

Écoutez peuple de France,
Et vous membres du Caveau,
Un fait qui n'est pas nouveau
Et que j'ai mis en romance
Sur l'air de feu Fualdès,
Afin de faire florès.

Un jour partant pour la chasse,
Actéon fort amoureux,
Prit un fusil Lefaucheux
Qu'il manœuvrait avec grâce ;
Car notez que le chasseur
Était un rude tireur.

Près d'Bougival il arrive,
Il faisait un temps fort beau,
Lorsqu'il aperçut dans l'eau
Une baigneuse craintive,
Qui prenait une leçon
Sans peignoir, ni caleçon.

Comme elle tirait sa coupe,
A deux où trois pas de là
Son œil découvre, ô là, là !
De baigneuses une troupe,
Et veuves également
Du plus mince vêtement.

C'était madame *Diane*
Qui prenait son petit bain,
Et, qui voyant qu'un humain,
Jetait un regard profane
Sur ses plus secrets appas,
Dit : ça ne me convient pas.

Un homme ici ! quel contraste
Dit-elle au bel Actéon ;
Tu ne sais pas, polisson,
Que je suis *déesse* et *chaste*.
Chaste !... répond le vaurien,
D'honneur, je n'en savais rien.

Traître il faut que je me venge,
Répond Diane en fureur,
Par égard pour ma pudeur,
En cerf, mon vieux, je te change.
En cerf!... calmez ce courroux,
Gardez ça pour les époux.

Mais, il eut beau se débattre,
En pieds l'on changea ses mains ;
Quels procédés inhumains !
J'eus deux pieds, m'en voilà quatre
Dit-il ; sans vous offenser,
Sur lequel faut-il danser ?

Bientôt la chose fut faite,
Diane, sans grands efforts,
De poils couvrit tout son corps
Et d'un bois orna sa tête.
Actéon dit : c'en est fait,
Je suis bête tout-à-fait !...

Le plus triste de l'affaire
C'est, que dès qu'il fut changé,
Par ses chiens il fut mangé...
Ça prouve, et la chose est claire,
Que malgré titres et biens,
On n'est trahi qu'par les ch'siens.

LES CRAINTES D'UN POCHARD

Air : *Petit Bouton d'or*

J'ai godaillé tout' la s'maine
    Hors de l'atelier,
Et j'ai mangé ma quinzaine
    Avec Merlandier.
Dans l'gousset plus rien à r'frire,
    J'n'ai plus l'moindre avoir...
Cré nom ! quoiqu' ma femm' va dire,
    Quand j'rentrerai c'soir ?

Ma moitié faisait sa bourse
    En pièces d'quatr' sous ;
C'matin, avant d'prendr' ma course,
    J'ai pris ça chez nous...
J'ai bu l'cont'nu d'la tir'lire
    Tout d'bout d'vant l'comptoir...
Cré nom ! quoiqu' ma femm' va dire,
    Quand j'rentrerai c'soir ?

Quand j'ai bu, j'tourne sans cesse
    Au Mahométan ;
Ce qui fait qu'j'ai la faiblesse
    De jouer au sultan,
Aujourd'hui, j'ai chez Palmyre
    Laissé mon mouchoir...
Cré nom ! quoiqu' ma femm' va dire,
    Quand j'rentrerai c'soir ?

Le perroquet d'la voisine
    Toujours m'insultait,
En m'app'lant Galop' chopine,
    Moi, ça m'embêtait ;
D'un coup d'poing j'ai su l'occire
    Net, sur son perchoir...
Cré nom ! quoiqu' ma femm' va dire,
    Quand j'rentrerai c'soir ?

J'ai bien boulotté tout d'même ;
    Mais j'suis éreinté,
Et j'ai l'droit d'offrir l'emblème
    D'un barbet crotté.
Dans un'chos' que j'n'os' décrire
    Je m'suis laissé choir...
Cré nom ! quoiqu' ma femm' va dire,
    Quand j'rentrerai c'soir ?

QU'EST-C' QUE ÇA M'FAIT?

Air : *Et plus d'un maréchal de France*

Au grand jamais je n'me hasarde
A voir c'qui s'passe hors de chez moi,
Je n'm'occup' que de c'qui me r'garde,
Discrétion, voilà ma loi,
Et je m'en trouve bien, ma foi !
Que mon concierge soit bigame,
Qu'mon propriétaire soit laid,
Ou qu'mon voisin batte sa femme,
J'vous d'mande un peu qu'est-c' que ça m'fait ?

Je déteste la politique,
Et j'ris quand j'vois un entêté
Préconiser la République
Ou l'empire ou la royauté,
Même la légitimité.
D'posséder tel ou tel monarque
Que le peuple soit satisfait,
Moi, qu'Pierre ou Paul mène la barque,
J'vous d'mande un peu qu'est-c' que ça m'fait ?

Tous les romans me font d'la peine,
Je les trouve fastidieux ;
C'est toujours la même rengaine,
Toujours des amours malheureux,
Et des duels prodigieux.
Qu'un Arthur, trahi par sa belle
Et très vexé d'être refait,
S'empoisonne ou s'brûl' la cervelle,
J'vous d'mande un peu qu'est-c' que ça m'fait ?

J'aime l'élixir de Grégoire
Et j'en use pour m'étourdir ;
Mais, quand la soif me pousse à boire,
Je n'prends jamais le temps d'choisir,
L'premier flacon v'nu m'fait plaisir.
Lorsque j'ai bien vidé mon verre
Et que l'vin produit son effet,
Qu'ça soit du Beaune ou du Madère,
J'vous d'mande un peu qu'est-c' que ça m'fait ?

A la Bourse jouant sans cesse,
L'agioteur intelligent
Calcule la hausse et la baisse,
Afin de doubler son argent,
Et très souvent meurt indigent.

Les combinaisons sont savantes
Et précieuses tout-à-fait ;
Moi qui n'ai pas d'actions, pas d'rentes,
J'vous d'mande un peu qu'est-c' que ça m'fait?

En dehors de la gentillesse,
Les amateurs de volupté
Recherchent dans une maîtresse
La fleur de la virginité ;
Moi, je n'suis pas si dégoûté.
Quand j'courtise un'particulière,
Et que tout en elle me plaît,
Qu'elle soit plus ou moins rosière,
J'vous d'mande un peu qu'est-c' que ça m'fait?

UN R DE TROP

Ah! de mes qualités, sans faire ici parade,
Chacun sait que je suis rusé,
Disait un vieux viveur par les excès brisé.
Bon! répond un camarade,
Vous, rusé? Cher, vous m'étonnez,
C'est un R que vous vous donnez.

LE PÈRE FRANCŒUR

A MON VIEIL AMI LAGARDE

AIR : *La Farlradondaine, gue*

J'ai mes soixante ans,
C'est bien quelque chose,
Je subis du temps
La métamorphose ;
Mais, joyeux grison,
Rien ne m'indispose,
Bon !
Vieillard, conserver sa verdeur,
Ça réjouit le cœur.

Dès que le soleil
Dore ma couchette,
Sitôt mon réveil,
Rangeant ma chambrette,

Je dis ma chanson
Comme l'alouette,
Bon !
Un refrain plein de bonne humeur
Me réjouit le cœur.

Souvent le matin,
Pour me mettre en route,
Chez Jean, mon voisin,
En cassant la croûte,
Avec du jambon,
Je bois une goutte,
Bon !
Un petit verre de liqueur,
Ça réjouit le cœur.

J'ai sur mon carré
Certaine voisine,
Dont l'air déluré
Souvent m'accoquine ;
En simple jupon
Dieu qu'elle est divine,
Bon !
Je l'embrasse, et cette faveur
Me réjouit le cœur.

J'aime ta liqueur,
O! grappe vermeille,
Ce philtre enchanteur
M'anime et m'éveille;
De Beaune ou Mâcon,
Vienne une bouteille,
Bon!
Je la déguste, et sa chaleur
Me réjouit le cœur.

Pauvre et résolu
A lutter sans cesse,
Je n'ai pas voulu,
Usant de finesse,
Agir en fripon
Pour remplir ma caisse,
Bon!
Suivre le sentier de l'honneur,
Ça réjouit le cœur.

Qu'un pauvre honteux
Demande assistance,
Je donne, joyeux
De la circonstance,
D'un modeste don

Dieu vous récompense,
Bon !
D'un frère alléger la douleur
Ça réjouit le cœur.

Lorsqu'au noir séjour
Il faudra me rendre,
Je veux à mon tour,
Sans me faire attendre,
Chanter à Caron,
Sur un air bien tendre,
Bon !
Chez toi, sans crainte ni frayeur,
Vient le père Francœur.

APOLOGIE DU MARIAGE

Se marier est sage, et donne un bonheur pur ;
Notre épouse est dans la jeunesse
Notre sémillante maîtresse ;
Notre compagne en l'âge mûr,
Et notre ange gardien lorsque vient la vieillesse.

LA ROMANCE DU FOU

DIVAGATIONS LYRIQUES

Air de la *Famille de l'Apothicaire*

Un pauvre admis de Charenton,
Auquel je fus rendre visite,
Me dit, en me prenant la main :
Je vais vous chanter mon histoire.
Le monde dit que je suis fou,
C'est un cancan qui me désole,
Mais j'n'ai pas l'coco dérangé,   } *bis.*
Je vais vous en donner la preuve.

C'est la reine des Escargots
Qui fait qu'ici l'on m'emprisonne,
Parce que de Polichinel,
Un soir j'ai brûlé la perruque...
Mon Dieu! qu'elle était belle à voir,
Quand elle ouvrait son parapluie!...
C'est ce qui fut cause qu'un jour,
Mon concierge a cassé sa pipe.

Pour fuir l'objet de mon amour,
J'allais m'exiler dans la lune,
Lorsque tout à coup, près de moi,
J'entends crier : ferraille à vendre.
Je me rapprochai pour mieux voir,
C'était un marchand de salade...
Dans lequel j'ai bien reconnu
Mon persécuteur de la veille.

Comm' l'omnibus était complet,
A pied j'ai poursuivi ma route,
Escorté du tambour-major,
Qui m'embêtait avec sa canne!...
Ah ! si j'avais pu prévoir ça...
En arrivant chez la mercière,
Au lieu de prendre le bateau,
Je m's'rais payer deux sous d'galette.

Près du Bon Diable, justement,
Un mari corrigeait sa femme,
Et l'gard' champêtre qui s'trouvait là,
Prétendait que c'était d'ma faute ;
J'lui dis, mon vieux, vous vous trompez,
Pour fair' voir que j'suis un brave homme,
Donnez-moi deux sous d'asticots,
J'vais aller pêcher à la ligne.

Mais crac! voilà que tout à coup
Le ciel devient noir comme de l'encre,
Et que l'vaisseau qui nous portait
Fut attaqué par un corsaire...
Pour ne pas tomber tout vivant
Dans la marmite d'un sauvage,
Comm' c'était la fête du pays,
Je m'suis caché dans l'mât d'cocagne.

Adieu, Monsieur, dit-il enfin,
Si vous passez par la Villette,
Bien des compliments de ma part,
A Marguerite de Bourgogne...
Prenez bien garde en descendant
De n'pas marcher sur l'obélisque!
Et, quand vous irez au Caveau,
Veuillez leur chanter ma romance.
C'est pourquoi, venant au Caveau,
Je vous chante cette romance.

MA MANIÈRE DE VOIR

Air : *Madelon fut à Rome.*

Dans un lyrique délire
Qui vous toque le cerveau,
Prendre sa plume, sa lyre
Afin d'rimer du nouveau,
Puis accoucher d'un' rengaine,
   Ton, ton, ton, durontaine,
Je conviens qu'c'est embêtant,
Mais, ça n'est pas déshonorant.

En se posant en Hercule,
Plein de désirs amoureux,
D'une belle qu'amour brûle
On veut éteindre les feux.
Qu'avec elle on perde haleine,
   Ton, ton, ton, durontaine,
Je conviens qu'c'est embêtant,
Mais, ça n'est pas déshonorant.

La nuit, lorsque pris en traître,
On sent s'abattre sur soi,
Arrivant d'une fenêtre,
Un vase d'n'importe quoi...
Qui n'sent pas la marjolaine,
  Ton, ton, ton, durontaine,
Je conviens qu'c'est embêtant,
Mais, ça n'est pas déshonorant.

Dans un repas confortable
Où chacun boit coup sur coup,
En s'endormant, sous la table
Disparaître tout à coup...
Prouver que l'outre est trop pleine,
  Ton, ton, ton, durontaine,
Je conviens que c'est embêtant,
Mais, ça n'est pas déshonorant.

Avec un très laid physique
Avoir l'esprit d'Calino;
Quand on n'aime pas la musique,
Sans cesse entendre un piano;
D'moutards avoir un'douzaine,
  Ton, ton, ton, durontaine,
Je conviens qu'c'est embêtant,
Mais, ça n'est pas déshonorant.

Lorsqu'en Seine on se goberge
Afin d'braver la chaleur,
Si vos vêt'ments sur la berge
Sont pincés par un voleur,
Pour regagner son domaine,
   Ton, ton, ton, durontaine,
Je conviens qu'c'est embêtant,
Mais, ça n'est pas déshonorant.

A la fin d'une bluette,
Lorsqu'il s'entend applaudir,
A l'auteur d'la chansonnette
J'vous promets qu'ça fait plaisir;
Mais, quand on vous claque à peine,
   Ton, ton, ton, durontaine,
Je conviens qu'c'est embêtant,
Mais, ça n'est pas déshonorant.

QUIPROQUO

Sauvez-vous, sauvez-vous mon frère,
Disait à son ouaille un vieux curé breton;
Le pécheur repartit, n'y comptez pas mon père,
Car celui qui se sauve est un fichu poltron.

UNE DROLE DE NATURE

Air : *J'ai vu la Meunière*

Dans ce monde où Dieu m'a jeté,
    Rien ne me tracasse ;
Sans fiel et surtout sans fierté,
    Je suis très bonasse.
Sans vous en dire le pourquoi,
Être indulgent, voilà ma loi...
    Qu'voulez-vous qu'j'y fasse ?
    C'est plus fort que moi !

J'aime à respirer le fumet
    D'un mets qu'on fricasse ;
J'aime à savourer, en gourmet,
    Poularde ou bécasse.
Dans un repas de bon aloi,
Je me trouve heureux comme un roi...
    Qu'voulez-vous qu'j'y fasse ?
    C'est plus fort que moi !

Du sexe je suis amateur,
    Et je le pourchasse ;
Minois frais et provocateur
    Me prend dans sa nasse.
Près de brune ou blonde, ma foi,
Mon pauvre cœur est en émoi...
    Qu'voulez-vous qu'j'y fasse ?
    C'est plus fort que moi !

Du tendre roman des amours
    J'aime la préface ;
Mais une intrigue de huit jours
    Me paraît fadasse.
A défaut d'un nouveau tournoi,
Je préfère me tenir coi...
    Qu'voulez-vous qu'j'y fasse ?
    C'est plus fort que moi !

Pour soulager les malheureux
    L'or est efficace ;
Jamais on ne m'a vu près d'eux
    Faire volte-face ;
Un camarade en désarroi
De ma bourse peut faire emploi.
    Qu'voulez-vous qu'j'y fasse ?
    C'est plus fort que moi !

Je ne gobe pas les sermons
　Des enfants d'Ignace;
Leur enfer rempli de démons
　Me semble cocasse.
Je songe à la mort sans effroi,
En la bonté de Dieu j'ai foi...
　Qu'voulez-vous qu'j'y fasse?
　C'est plus fort que moi!

COLÈRE CÉLESTE

A JULES JEANNIN, MON JOYEUX CAMARADE

AIR: *Tout le long, le long, le long de la rivière* (Philidor)

　Lassé d'entendre les humains,
　Le supplier, joignant les mains.
　Dieu se mit un jour en colère
　Et, les yeux tournés vers la terre,
　Il s'écria : Tes habitants
　Ne seront donc jamais contents!
Hommes braillards, répondez, vilains merles,
Ai-je créé tout pour enfiler des perles?...
　Est-ce pour enfiler des perl s?

Toujours, toujours, vous demandez!
Que vous manque-t-il? répondez.
J'ai créé, désirant vous plaire,
Tout ce qui peut vous satisfaire;
Et, n'avez-vous pas, après tout,
L'Odorat, la Vue et le Goût,
Plus le Toucher?... Répondez, vilains merles,
Ai-je fait tout ça pour enfiler des perles?...
Est-ce pour enfiler des perles?

J'ai créé fruits, fleurs et moissons,
Gibiers, volailles et poissons...
Les œufs vous font des omelettes
Et les moutons des côtelettes,
Bref, vous trouvez à chaque pas
De quoi varier vos repas.
Ventrus, repus, répondez, vilains merles,
Ai-je fait tout ça pour enfiler des perles?...
Est-ce pour enfiler des perles?

De mes travaux le plus divin
Est la grappe donnant le vin.
J'ai fait, en inventant la treille,
Une trouvaille sans pareille;
Pour mûrir ses grains savoureux,
Du Soleil j'ai créé les feux.

Froids buveurs d'eau, répondez, vilains merles
Ai-je fait tout ça pour enfiler des perles?...
    Est-ce pour enfiler des perles?

    J'ai fait les cheveux nuancés
    Et des petits nez retroussés,
    Des mollets ronds, des jambes fines,
    Des mains blanches et libertines...
    Des yeux aux regards assassins
    Et j'ai même inventé les *seins*.
Hommes glacés, répondez, vilains merles,
Ai-je fait tout ça pour enfiler des perles?...
    Est-ce pour enfiler des perles?

    Jouissez donc de mes bienfaits,
    Mais, pour Dieu, fichez-moi la paix,
    Et, sans me rompre les oreilles,
    Videz assiettes et bouteilles,
    Aimez, sachez vous amuser,
    Mais laissez-moi me reposer.
Vous ai-je enfin, répondez, vilains merles,
Donné la raison pour enfiler des perles?...
    Est-ce pour enfiler des perles?...

JUSTIN CABASSOL[1]

Air : *Petit Bouton d'or*

Un chansonnier fantaisiste
    Aux nombreux succès,
A droit de grossir la liste
    Des bardes français ;
Je veux que son nom rayonne
    Dans ce gai festin,
C'est pourquoi je te chansonne,
    Regretté Justin.

---

(1) Etait un chansonnier de la vieille roche. Il est né à Paris en 1800 ; dès l'année 1818, cédant à une véritable vocation, il produisit les premiers essais de sa muse.

Il fut membre très assidu, très fécond et très spirituel des sociétés chantantes : *les Soupers de Momus, le Gymnase lyrique, la Lice chansonnière*, etc.

En 1837, il vint frapper au Caveau, qui s'empressa de l'accueillir comme membre titulaire.

Son bagage lyrique est considérable ; il se compose, rien que pour le Caveau, de 368 chansons, marquées presque toutes au coin de la jovialité et de la malice gauloise.

Sa mort, arrivée le 27 janvier 1873, a causé de justes et d'unanimes regrets.

Tous les mois avec malice
   Par un chant nouveau,
Jadis tu charmais la Lice,
   Le joyeux Caveau ;
De vers quelle pacotille,
   Quel riche butin !
Ta muse était bonne fille,
   Gracieux JUSTIN,

Érudit sans pédantisme
   Lyrique régent,
Tu frondas l'obscurantisme
   En le corrigeant ;
Tu savais, cher camarade,
   Le grec, le latin,
Et n'en faisais pas parade,
   Modeste JUSTIN.

En peignant d'une grisette
   Les plus doux secrets,
On aimait de ta musette
   Les accords discrets ;
Tu n'avais dans tes paroles
   Rien de libertin,
Tu gazais tes gaudrioles,
   Pudique JUSTIN.

Jamais de la politique
  Tu ne t'occupas,
Sur les mœurs, esprit caustique,
  Sans fiel tu frappas ;
Tes rimes spirituelles
  De plus d'un pantin
Dévoilèrent les ficelles,
  Espiègle Justin.

Pour un gai convive à table
  Chacun te citait,
Et ta verve intarissable
  Sans cesse éclatait...
Pour propager à ton aise
  Ton esprit mutin,
Toujours tu quittais ta chaise,
  Pétulant Justin.

Toi, qui fus si sympathique
  On te pleure encor,
Ton âme était poétique,
  Ton cœur était d'or :
Tour-à-tour chacun succombe,
  Tel est le destin !...
En paix au fond de la tombe
  Dors, mon bon Justin.

LA PROVIDENCE DES OISEAUX

CHANSONNETTE

AIR : *J'ai pour bien d'puis c'matin.*

Brav'ment, tous les matins,
　Avec ma hotte
　Je trotte,
Criant : Un sou la botte.
Régalez donc vos p'tits s'rins,
　Accourez mes lapins,
Régalez donc vos p'tits s'rins.

J'habit' depuis mon enfance,
Le quartier des Blancs-Manteaux,
Et je suis la providence
De tous les petits oiseaux;

Accommodante et polie,
Je cours dans tous les quartiers,
Prouvant qu'pour gagner sa vie
Il n'est pas de sots métiers!...

 Brav'ment, etc.

Jadis, j'vendais l'échalotte,
C'était assez lucratif,
Mais, pour grossir ma pelote,
L'mouron est plus productif ;
Mes recett's sont régulières,
Mes bénéfices sont beaux,
C'qui prouv' que les grand's rivières
S'forment des petits ruisseaux...

 Brav'ment, etc.

Dès que je viens à paraître,
Aux sons d'mon chant matinal
J'vois s'ouvrir chaque fenêtre,
De la vente c'est l'signal ;
Jugez si j'ai de l'ouvrage,
En comptant les canaris,
Qu'on trouv' dans plus d'un ménage,
Même en dehors des maris...

 Brav'ment, etc.

J'possèd', sans en être fière,
D'bell's pratiques dans Paris,
J'ai de Jenny, l'ouvrière,
Nourri les oiseaux chéris;
Que j'aimais la brave fille!
Qui, narguant la pauvreté,
Préférait pousser l'aiguille,
Au trafic de sa beauté.

    Brav'ment, etc.

Pour imiter vos bocages,
Beaux p'tits prisonniers jaseurs,
Et dissimuler vos cages,
Je colporte aussi des fleurs;
Lorsqu'une blanche menotte,
D'votr' prison fait un jardin,
Vous devez dans chaque note
Remercier le Destin.

    Brav'ment, etc.

CHACUN A SA FAÇON

Air : *Ça n'se peut pas*

Mes chers amis, dans ce bas monde,
Il n'est pas de parfait bonheur;
Sur mainte chimère on se fonde,
En marchant d'erreur en erreur;
Ce bonheur, mirage éphémère,
Dont nous n'avons que le soupçon,
Soyez certains que, sur la terre,
Chacun le cherche à sa façon.

Le Flamand, en buvant sa bière,
Fait l'amour platoniquement;
Le Français près d'une bergère
Mène au galop le sentiment;
Dans la flegmatique Angleterre,
L'amour exige une rançon :
Bref, pour voyager à Cythère,
Chacun courtise à sa façon.

11.

Arthur fait une mécanique
D'un système pyramidal ;
Machin rêve un produit chimique,
Et Macaire un nouveau journal ;
Paul, espérant faire merveille,
Compose une exquise boisson,
En employant le jus d'oseille :
Chacun invente à sa façon.

L'un, soufflant dans sa clarinette,
Écorche un vieil air de Mozart ;
Cet autre, avec une trompette,
Imite le chant du canard ;
Un vieux rentier va, d'un air digne,
Et sans jamais prendre un poisson,
Chaque jour, pêcher à la ligne :
Chacun s'amuse à sa façon.

Un barbon, quinteux et morose,
Qui ne demande qu'à dormir,
D'opium prend une forte dose,
Alors qu'il tarde à s'assoupir ;
Moi, qui suis une fine mouche,
J'ai soin d'avoir un feuilleton
A lire, dès que je me couche :
Chacun s'endort à sa façon.

Voulant terminer sa carrière
Pour se soustraire aux coups du sort :
Par un plongeon dans la rivière,
Gros-Jean s'en va chercher la mort ;
Guillaume au bout d'une ficelle
Se suspend comme un saucisson ;
Gaspard se brûle la cervelle :
Chacun trépasse à sa façon !

TEMPS PERDU

Air de *la Meunière*

Un certain soir, je vis au bal
    La gentille Hélène ;
J'lui dis d'un ton sentimental :
    Devenez ma reine !
Bref, à mes vœux elle céda ;
Mais huit jours après, oh ! la ! la !...
    C'était bien la peine
    D'fair' des frais pour ça !

L'adorateur un peu brutal
    D'une bell' mondaine,
Voulant un jour de son rival
    Percer la bedaine,
On se rendit à Bagnolet ;
La victime fut... un poulet :
    C'était bien la peine
    D'prendre un pistolet !

D'avarice, le vieux Mondor
    Fut un phénomène,
Qui pour mieux grossir son trésor
    Jeûnait tout' la s'maine ;
A la fortun' près d'arriver,
La mort est venu l'enlever :
    C'était bien la peine
    De tant se priver !

L'fils de mon épicier connaît
    L'histoire romaine,
En langue grecque il traduirait
    L'récit d'Théramène ;
Comme son père, il vend, l'blanc-bec,
Des cornichons et du fruit sec :
    C'était bien la peine
    D'apprendre le grec !

Jeune, je fus un des amis
    D'l'art de Melpomène ;
Pour jouer dans Sémiramis
    J'montai sur la scène ;
Dès qu'mon premier vers éclata
Une pomm' cuite m'arrêta :
    C'était bien la peine
    De m'croire un Talma !

Ce bas monde du vrai bonheur
    N'est pas le domaine ;
Du hasard et de la douleur,
    Nous portons la chaîne ;
Puis, dans la terre, tour à tour
Chacun disparaît sans retour :
    C'était bien la peine
    D'avoir vu le jour !

De composer une chanson
    Me sentant en veine
J'ai fait celle-ci sans façon
    Et tout d'une haleine ;
Puis, j'dis, bouchant mon encrier
En r'lisant c'que j'viens d'vous solfier :
    « C'était bien la peine
    » D'noircir du papier ! »

MARGOTON

PORTRAIT LYRIQUE

AIR : *Ah! qu'il est beau l'grand Giroux.*

Qu'elle est belle, Margoton,
La fille de Simonnette,
Avec son nez en trompette
Et son beau petit menton.

Elle a des mollets mignons
Qu'j'avons r'luqué par derrière,
Un jour qu'dans l'jardin d'sa mère,
Elle piquait... des oignons.

      Qu'elle, etc.

Pour sa force et son minois
Chaque garçon la recherche;

Faut la voir' *magnier* sa perche,
Quand elle gaule des noix.

    Qu'elle, etc.

Quand ell' se rend au lavoir
Pour blanchir l'linge d'la ferme,
Sur l'ouvrage ell' tap' si ferme
Qu'elle en casse son battoir.

    Qu'elle, etc.

Qu'ell' chant' du vieux ou du neuf,
Avec grâce elle roucoule,
Quasiment comme une poule
Qui s'apprête à pondre un œuf.

    Qu'elle, etc.

Quand ell' quitte ses sabots,
A la course rien ne l'égale,
Ell' se flanqu', quand ell' détale,
Des grands coups d'talons dans l'dos.

    Qu'elle, etc.

Au bal où j'la vois souvent,
En dansant elle frétille,

Ni plus ni moins qu'une anguille
Qu'on écorche d'son vivant.

  Qu'elle, etc.

J'l'aimons tant qu'j'en suis maigri,
Ell' m'attir' pis qu'un' ventouse,
Faut qu'elle soit mon épouse,
Ou que j'devienne son mari.

Qu'elle est belle, Margoton,
La fille de Simonnette,
Avec son nez en trompette
Et son beau petit menton.

CALINOTADE

Une dame, en pleurant, certain jour se plaignait
De n'avoir pas d'enfants; Calino lui disait :
  Oui, j'en conviens, c'est une peine amère,
Car la maternité n'est pas une chimère;
Mais pour vous consoler, apprenez, entre nous,
Que ma grand'mère fut stérile comme vous.

UNE PROMENADE NOCTURNE

Air : *A l'âge heureux de quatorze ans.*

Mon vieux coucou vient de sonner minuit;
    D'où vient que mon âme est émue?
Habillons-nous et cherchons, cette nuit,
    Des sensations dans la rue;
Et puisqu'enfin le petit dieu d'amour
    Se plaît à m'agacer sans trêve,
Au clair de lune, allons donc faire un tour
    Pour rencontrer ce que je rêve!

A mon oreille arrivent de doux sons
    Dont je crois saisir l'harmonie;
Un ménestrel dit-il tendres chansons
    Sous les fenêtres de sa mie?
Erreur fatale!... au diable soit le chant!
    De l'ouïr à présent j'endêve;
C'est un pochard qui braille en trébuchant...
    Ce n'est pas là ce que je rêve!

De ce côté résonne un cri plaintif :
    Est-ce une vierge qu'on opprime?
Sans hésiter, courons d'un pas actif
    Pour secourir cette victime !
Grand Dieu ! qu'entends-je? un perçant miaou !
    Bien loin d'être une fille d'Ève,
C'est une chatte en quête d'un matou :
    Ce n'est pas là ce que je rêve !

Que vois-je au loin, dans ce renfoncement?
    Je crois que c'est une voiture ;
Est-elle là pour un enlèvement,
    Est-ce une amoureuse aventure?...
De ce roman soyons le spectateur
    Avant que l'aurore se lève...
Mais jusqu'à moi parvient certaine odeur...
    Ce n'est pas là ce que je rêve !

Vers cet hôtel avançons piano...
    Une femme ouvre sa fenêtre ;
Pour recevoir un autre Roméo,
    C'est une Juliette peut-être ;
Ciel !... elle incline avec précaution
    Un vase que sa main soulève,
J'entends le bruit d'une inondation...
    Ce n'est pas là ce que je rêve !

Pour rencontrer de douces visions
    Je fais un voyage inutile;
Puisque je vois fuir mes illusions,
    Je regagne mon domicile;
N'attendons pas le retour du soleil;
    Bien avant que la nuit s'achève,
Tâchons au moins, dans les bras du sommeil,
    D'entrevoir tout ce que je rêve!

LES A-PROPOS

Air de *Mimi Pinson* (FRÉDÉRIC BÉRAT).

    Entrez! criait un saltimbanque,
    Un jour de foire, à son public;
    A mon théâtre rien ne manque
    Et ma troupe a beaucoup de chic;
    Vous y verrez, avec son glaive,
    L'ange du dernier jugement,
        Et madame Ève;
    Entrez, entrez, le rideau lève,
    C'est l'instant, c'est le vrai moment!

Arthur rencontre une grisette,
Et, comme il possède un jaunet,
Il offre à la tendre fillette,
Un tête-à-tête en cabinet;
Puis, quand on a bu le champagne,
Il soupirait : « Objet charmant,
 » L'amour me gagne ;
» Viens dans mes bras, sois ma compagne,
» C'est l'instant, c'est le vrai moment! »

Hélas! j'ai peu d'or dans ma caisse,
S'écriait un banquier sournois,
Toutes mes valeurs sont en baisse,
Et puis, voici la fin du mois;
De compromettre ma fortune
Évitons le désagrément...
 Voici la brune;
De faire un grand trou dans la lune
C'est l'instant, c'est le vrai moment!

De la part du propriétaire,
Mon portier vient me dire un soir :
« Monsieur, cette nuit on va faire
» Certain travail peu drôle à voir;
» Un entrepreneur de Boulogne

» Devra terminer promptement
    » Cette besogne;
» D'acheter de l'eau de Cologne
» C'est l'instant, c'est le vrai moment. »

Au fort d'une grande bataille,
Un général à ses soldats,
Disait : « Enfants que la mitraille
« Nous donne un glorieux trépas!
» Voyez l'ennemi qui s'avance,
» En avant, brave régiment!
    » Vive la France!
» De lui prouver votre vaillance
» C'est l'instant, c'est le vrai moment! »

En soupant avec Holopherne,
Judith, dissimulant son sac,
Lui versait du vin de Falerne
Avec du rhum et du cognac;
Lassé d'avaler du rogomme,
Il s'endormit profondément;
    Judith, en somme,
Dit : « De te raccourcir, mon homme,
» C'est l'instant, c'est le vrai moment! »

Vins vieux et gentille maîtresse
Nous aident à passer le temps ;
Il faut jouir dans la jeunesse,
Car l'hiver succède au printemps ;
Pour le vieillard brisé par l'âge
Il n'est plus un seul agrément ;
  Cruel dommage !...
De faire le dernier voyage
C'est l'instant, le fatal moment!

LES CHOSES RARES

Air : *Tous le long de la Rivière.*

Des muses joyeux nourrisson,
Quand je rimaille une chanson,
Cherchant une forme nouvelle
Je me creuse en vain la cervelle...
Ne trouvant (j'en suis dépité)
Rien que l'on ait déjà chanté.
Un sujet neuf est une rare aubaine,
On n'en trouve pas quatorze à la douzaine,
 Non, pas même treize à la douzaine.

L'hymen a de trompeurs appas ;
O mon enfant, n'y pense pas ;
Et pour vivre heureuse, ma chère,
Reste fille comme ta mère.
Dès qu'un amant devient époux,
Il est froid, grondeur et jaloux !
Des bons maris, vois-tu bien, Madeleine,
On n'en trouve pas, etc.

De nouveautés, les amateurs
Dénigrent tous les vieux auteurs ;
Combien de cervelles caduques
Traitent les anciens de perruques ;
Loin de partager ces travers,
Des classiques j'aime les vers,
Car des Boileau, Racine et Lafontaine,
On n'en trouve pas, etc.

Milon, le fait n'est pas tout neuf,
D'un coup de poing tuait un bœuf !
Puis il mangeait, dans sa journée,
La bête cuite, assaisonnée,
Et même, ce roi des gloutons,
Y joignait deux ou trois moutons...
Quel appétit, quelle immense bedaine !
On n'en trouve pas, etc.

Jeunes, le flambeau de l'amour,
Pour nous s'allume chaque jour,
Quand l'âge vient nous battre en brèche,
De ce flambeau s'éteint la mèche;
En vain, on veut la rallumer,
Elle ne fait plus que fumer...
Car un *Tircis*, malgré la soixantaine,
    On n'en trouve pas, etc.

Un maire, à ses administrés,
Dit un jour : Nous sommes frustrés,
Nous voulions, comme c'est l'usage,
Couronner une fille sage,
Ce trésor que j'avais rêvé,
Chez nous, on ne l'a pas trouvé;
Une rosière ! ah ! la chose est certaine,
    On n'en trouve pas, etc.

Chérissant peu le genre humain,
En plein soleil, lanterne en main,
Un philosophe qu'on renomme
Allait partout cherchant un homme;
Le soir, drapé de son manteau,
Il soupirait dans son tonneau :
Un homme, hélas ! mon pauvre Diogène,
On n'en trouve pas quatorze à la douzaine,
Non, pas même treize à la douzaine.

UNE MENACE CONJUGALE

AIR : *Ça va bon train*

Il faut que j'te dise Fifine
Tout ce que j'ai là sur le cœur,
Ton humeur aigre me chagrine,
Depuis que j'suis ton possesseur,
Tu n'fais vraiment pas mon bonheur.
Dans l'journal, j'ai vu comme on s'venge
D'un' femm' qui vous rend malheureux,
Si ton caractère ne change...
    J'te coupe en deux. (4 *fois*.)

En vain j'veux qu'on économise,
Sans cesse il te faut des atours;
D'une duchesse t'as la mise,
Et tu me chantes tous les jours
« Qu'c'est dans l'intérêt d'nos amours. »
Pour satisfaire à ta toilette,
J'dépense un argent fabuleux!

Si tu n'deviens pas moins coquette,
    J'te coupe en deux.

Certain jour que de jus d'la treille,
Chez l'mastroquet j'buvais un coup,
J'n'avais pas fini ma bouteille
Lorsque tu survins tout à coup
En m'traitant d'pochard et d'voyou;
J'aurais dû t'offrir une danse,
Je m'suis montré trop généreux,
Mais si jamais ça recommence :
    J'te coupe en deux.

Pour aller chez la tant' Germaine
(Que je n'tiens pas du tout à voir)
Tu prends un jour chaque semaine,
Me disant : A dix heures ce soir
Sois d'vant chez ell' sur le trottoir;
J'y bats un quart qui m'met en rage,
V'nant d'un' moitié, c'est scandaleux;
A l'av'nir, si j'pos' davantage :
    J'te coupe en deux.

Si parfois j'me donne un'culotte,
Quand je suis en société,
Tu m'fais, quand je rentre en ribote,

Un'moral' dont j'suis embêté,
J'aim'rais bien mieux qu'tu m'fass's du thé.
T'as pas la moindre prévenance !
Mon sort est vraiment désastreux,
A la première remontrance :
    J'te coupe en deux.

On m'a dit, légère compagne,
Qu'on t'avait vu ru'Montorgueil
Avec un Monsieur d'la campagne,
Qui, sous prétexte qu'il est d'Montreuil,
Te bourre d'pêch's en t'faisant d'l'œil.
Ah ! si jamais par aventure
J'te pince avec un amoureux,
Quoique très doux de ma nature :
    J'te coupe en deux.

Quand je t'dis de m'faire un'reprise,
J't'entends bougonner aussitôt ;
Pourtant j'n'ai pas d'col à ma ch'mise
Et plus d'boutons à mon pal'tot...
A ça faut r'médier au plus tôt...
Tu flan's tout l'temps et moi j'la gobe,
J'suis mis comme un nécessiteux,
Si tu n'soign's plus ma garde-robe :
    J'te coupe en deux.

UN VIEUX DE LA VIEILLE

A MON VIEIL AMI BUGNOT

Air de *Mimi Pinson* (FRÉDÉRIC BÉRAT)

J'suis un lapin d'la vieille garde
Aimant à parler franchement,
Avec qui me plaît, je bavarde
Et j'fais l'salut, militair'ment !
Mais qu'un mauvais drôle m'approche,
J'dis comm' jadis au régiment :
    Pas de brioche !...
Et la main droite dans ma poche,
Je rengaîne mon compliment !

Quand j'rencontre une ménagère
Qui, se conduisant sagement,
Est bonne épouse et bonne mère,
J'lui fais l'salut militair'ment.
Mais quand je vois une cocotte,

Chaque mois, s'payant un amant
    Qui la dorlote,
Traîner la vertu dans la crotte,
Je rengaîne mon compliment !

Quand je vois un millionnaire,
Semant son or discrètement,
Venir en aide à la misère,
J'lui fais l'salut militair'ment.
Mais suis-je près d'un égoïste
Qui privé d'cœur et d'sentiment
    (Chose bien triste)
Des avares grossit la liste,
Je rengaîne mon compliment !

Qu'un p'tit marchand dans sa boutique
Gagne son pain honnêtement,
Tout en lui donnant ma pratique,
J'lui fais l'salut militair'ment.
Mais quand j'vois un Robert-Macaire
Montrer à tous effrontément
    Son savoir faire
En dupant chaque actionnaire,
Je rengaîne mon compliment !

Pour sa bravoure et son génie,
Que l'on décore justement

Un homme honorant sa patrie,
J'lui fais l'salut militair'ment.
Mais qu'un courtisan parasite
Obtienne du gouvernement
— Qu'il sollicite —
La croix qu'on ne doit qu'au mérite,
Je rengaîne mon compliment!

Quand dans son cœur un homme porte
Sa conviction carrément,
Qu'il soit rouge ou blanc, peu m'importe,
J'lui fais l'salut militair'ment.
Mais pour tous ceux qui, sans franchise,
Savent changer habilement,
   Par convoitise,
D'opinions comm' de chemise,
Je rengaîne mon compliment!

A Dieu qui fit l'ciel et la terre,
Qu'agenouillé pieusement,
Un croyant fasse sa prière,
J'lui fais l'salut militair'ment.
Mais quand j'vois un faux cénobite
Se payer ostensiblement
   De l'eau bénite,
Je m'dis : « Ça c'est un hypocrite »
Et j'rengaîne mon compliment!

OPULENCE ET REGRETS

Air de *l'Apothicaire*, ou de *la Planche* (BLONDEL)

Grâce à l'hymen, depuis longtemps,
Je suis madame la Duchesse,
Pourtant des jours de mon printemps
Je regrette la douce ivresse ;
Les instants me semblaient trop courts,
Dans ma condition première,
A rire je passais mes jours
Lorsque j'étais simple ouvrière. } bis

Les diamants et les bijoux
Ornent mes toilettes splendides ;
Mais, par malheur, le temps jaloux
A surchargé mon front de rides...
En petit bonnet tuyauté
Et robe d'indienne légère,
Chacun admirait ma beauté
Lorsque j'étais simple ouvrière.

Je ressens un cruel dépit
Lorsqu'à ma table je m'installe,
D'endurer, faute d'appétit,
Le dur supplice de Tantale ;
Vainement j'ai des mets exquis
Et ma cave est toute princière...
Je me régalais de pain bis
Lorsque j'étais simple ouvrière.

J'ai des parcs, des jardins fleuris,
Depuis que je suis fortunée,
Les jardiniers les mieux choisis
Les embellissent à l'année...
Je n'avais qu'un pot de jasmin
Avec une rose trémière,
Mais je les soignais de ma main
Lorsque j'étais simple ouvrière.

Dans le grand monde, où nous allons,
On s'ennuie avec bienséance,
Et dans les bals de nos salons
On cause plus que l'on ne danse ;
Le plaisir était plus piquant
Lorsque parfois à la *Chaumière*
Je risquais un léger cancan,
Lorsque j'étais simple ouvrière.

D'objets d'art, de riches tableaux
Ma galerie est admirée ;
J'ai des magnifiques chevaux
Et de la vaisselle dorée...
Mais qu'il est loin le temps heureux
Où, dans mes dîners avec Pierre,
Nous n'avions qu'un verre pour deux
Lorsque j'étais simple ouvrière.

Lasse enfin du luxe des cours,
Dans mon passé quand je regarde,
Je soupire, en pensant aux jours
Où j'habitais une mansarde ;
Avec mes oiseaux et mes fleurs
J'avais, pour braver la misère,
Plus d'amis et moins de flatteurs,
Lorsque j'étais simple ouvrière.

OMNIBUS LYRIQUE

AIR: *Non licet omnibus adire Corinthum.*

Rien ne manque ici-bas aux heureux de la terre,
Richesse, honneur, ivresse, en un mot ils ont tout
Pour eux tout est bonheur, mais, pauvre prolétaire,
La fortune en mon jeu n'a pas mis un atout.
Paul se promène au bois dans un bel équipage,
Et, pour le louanger, ses amis font chorus;
Moi, lorsque dans Paris je veux faire un voyage,
Je tire mes six sous, et je prends l'omnibus.

Douces illusions qui charmez le jeune âge,
Vous voulez donc me fuir, hélas! et pour toujours;
J'adorais ma Lisette, et Lisette est volage,
Son infidélité de deuil couvre mes jours;
Adieu, perfide, adieu, je ne puis m'en défendre,
Après avoir rêvé la plaine des Vertus;
Barrière des Martyrs, puisque je dois me rendre,
Je tire mes six sous, et je prends l'omnibus.

J'ai, je dois l'avouer, le cœur plein de tendresse,
Malgré mes cheveux blancs, pour tromper un jaloux,
Lorsqu'une Putiphar me donne son adresse,
Sans hésitation je cours au rendez-vous.
Mais près d'aller trouver cette nouvelle amie,
Désirant de son cœur déchiffrer le rébus,
Pour ne pas maculer ma chaussure vernie,
Je tire mes six sous, et je prends l'omnibus.

Sous la voûte des cieux quand je vois des nuages
Pleins d'électricité se grouper dans les airs,
Et si j'entends gronder, précurseur des orages,
Le tonnerre au lointain, quand je vois les éclairs,
Je me dis: « Ce temps-là va causer du grabuge,
Agissons prudemment puisque j'ai du quibus! »
N'ayant pas de rifflard et craignant le déluge,
Je tire mes six sous, et je prends l'omnibus.

Lorsque sur mon chemin par hasard je rencontre,
Taciturne et rêveur, un poète incompris
Qui m'arrête au passage et malgré moi me montre
Des couplets filandreux qui m'ont plus que surpris,
Lorsque gesticulant le gaillard s'évertue,
A me faire avaler ses vers plein d'hiatus,
Délaissant mon crampon au milieu de la rue,
Je tire mes six sous, et je prends l'omnibus.

« La mort a des rigueurs à nulle autre pareilles »
(A dit un grand poète). » On a beau la prier,
» La cruelle qu'elle est se bouche les oreilles,
» Moissonne sans relâche et nous laisse crier. »
Je veux jusqu'au moment où sur mon sarcophage,
Un prêtre indifférent dira les oremus,
Saisissant chaque jour le plaisir au passage,
Attendre, en gai viveur, le funèbre omnibus.

LES CHEVALIERS DU DOUBLE-SIX

CHARGE LYRIQUE.

AIR du *Bon Ange* (BÉRANGER).

J'ai six *copains*, tous du Caveau,
Mais, hélas! ces chers camarades,
Lorsqu'ils ne peuvent jouer au
Jeu de dominos, sont malades :
J'ai surnommé ces bons amis
Les Chevaliers du Double-Six.

Après avoir au *Pot-au-Feu*
Chanté, chansonnette ou romance,
Pour aller cultiver ce jeu,
Vers le café chacun s'élance :
Qu'ils sont *rigolos*, mes amis,
Les Chevaliers du Double-Six.

Pour faire une partie en cent
S'emparant de son bras qu'il presse,
Tantôt Piesse emporte Vincent,
Tantôt Vincent emporte Piesse :
Qu'ils sont *rigolos*, mes amis,
Les Chevaliers du Double-Six.

Charles Vincent des amateurs
Fait l'admiration pour cause,
C'est le modèle des joueurs,
Quel *chic*, quand c'est à lui la pose !
Qu'ils sont *rigolos*, mes amis,
Les Chevaliers du Double-Six.

Montariol jouant gravement,
Aime surtout faire la belle,
Mais, s'il perd, malheureusement
Monte à riol monte à l'échelle :

Qu'ils sont *rigolos*, mes amis,
Les Chevaliers du Double-Six.

Faisant un calembour affreux
RIPAULT disait parlant de FOUACHE
Hélas ! c'est vraiment désastreux,
Aussitôt qu'il perd, il se *f...ouache :*
Qu'ils sont *rigolos*, mes amis,
Les Chevaliers du Double-Six.

DUVELLEROY, viveur et franc,
De ces joueurs grossit la liste,
Il a toujours le double-blanc
Qu'il adore en vrai royaliste,
Qu'ils sont *rigolos*, mes amis,
Les Chevaliers du Double-Six.

Voulez-vous admirer les traits
De ces amis que je vous chante,
Regardez bien les six portraits
Qu'en cet instant je vous présente :
Tous les six, ici, sont assis,
Ces Chevaliers du Double-Six.

LE MARCHAND DE PLUMES

—

Air de *Saltarello*

Accourez tous dans ma boutique
Hommes mariés et garçons,
Hormis la plume métallique
J'en use de toutes façons.

J'ai pour Messieurs les journalistes
De belles plumes de *Canards*,
Pour les ennuyeux moralistes
Celles de *Perroquets bavards*.

J'ai de bien blanches plumes d'*Oie*
Pour le calino trop naïf,
Et des plumes d'*Oiseaux de proie*
Pour l'usurier rébarbatif.

Plumes de *Coq* aux lovelaces
Qui par amour font les cent coups,

Et pour les époux trop bonasses,
Je tiens des plumes de *Coucous*.

Venez, naïves jouvencelles
Qui rêvez de tendres amants,
J'ai des plumes de *Tourterelles*
Pour dépeindre vos sentiments.

Puis au bas-bleu, qui sans vergogne
Sottement noircit du papier,
J'offre la plume de *Cigogne*
Et celle de l'*Aigle* au guerrier.

Assez facilement j'écoule
Aux portiers plumes de *Hibou*;
Aux joueurs la plume de *Poule*,
Celle de *Héron* au grigou.

Plume d'*Autruche* à la coquette,
Plume de *Sarcelle* au viveur,
Plume de *Grue* à la lorette,
Au plus offrant vendant son cœur.

Aux rieurs d'une gaîté folle
J'offre des plumes de *Pinsons*,
Au *gogo*, qui fait mainte école,
Je vends des plumes de *Dindons*.

A tous les tripoteurs d'affaires
Je vends des plumes de *Faisan*,
Et pour les bons et tendres pères,
J'ai des plumes de *Pélican*.

Aux vieilles coquettes cocasses,
Qui cherchent à se rajeunir,
J'offre des plumes de *Bécasses*
Ce qui les fait vite partir.

Ma prévoyance est sans pareille,
Chez moi quand viennent des auteurs,
J'offre des plumes de *Corneille*
Et celles de *Paon* aux poseurs.

Accourez donc à ma boutique
Écrivains, maris ou garçons,
A part la plume métallique
J'en ai de toutes les façons.

LAGARDE

PORTRAIT LYRIQUE

Air : *Ah! qu'il est doux de Vendanger.*

LAGARDE, me disait un jour,
  Tous mes jaloux font four,
Je viens d'être élu conseiller,
  Ça leur coupe la chique,
  Je puis vraiment crier :
  Vive la République !

LAGARDE est un charmant garçon,
  Faisant bien la chanson,
Aussitôt qu'il a dégoté
  Un bon sujet lyrique,
  Il crie avec gaîté :
  Vive la République !

Quand parfois sa poche est à sec
    Il n'ouvre pas le bec;
Mais, que chez lui vienne à tinter
    Un doux bruit métallique,
    Vous l'entendez chanter :
    Vive la République!

Malgré ses bien rares cheveux
    Il est très amoureux,
Et lorsque vient le dénouement
    D'un transport érotique,
    Il dit en se pâmant :
    Vive la R......que!

Ancien Président du Caveau,
    LAGARDE abhorre l'eau;
Mais, lorsqu'il tient un rouge bord,
    Plein d'une ardeur bachique,
    Il crie encor plus fort :
    Vive la République!

A la gourmandise est voué
    Cet ancien avoué;
Lorsque le repas qu'on lui sert
    Est pantagruélique,
    Il entonne au dessert :
    Vive la République!

Parfois, ce vieillard assoupi
   Ne peut faire pipi;
Mais, lorsqu'il fait fonctionner
   Sa machine hydraulique,
   On l'entend chantonner :
   Vive la République!

Bref, LAGARDE ne tremble pas
   En songeant au trépas,
Il dit qu'il veut vivre content,
   Ce moderne critique,
   Et mourir en chantant :
   Vive la République!

UN MONSIEUR TROP RECONNAISSANT

— Pour te prêter cent francs en toi j'ai confiance
   Mais fais-moi vite une reconnaissance.
— Inutile, mon bon; elle sera pour toi,
   Je te le jure sur ma foi,
   La plus sincère, la plus belle,
   Bref, *reconnaissance éternelle*...

LA ROUTE EST BELLE [1]

Air de *la Canaille* (Darcier)

Armés d'un luth, entrez en lice,
Preux paladins du gai savoir,
Et qu'Apollon nous soit propice,
Allons, chansonniers, bon espoir !
Un bon sujet à votre zèle
Offre des aspects enchanteurs :
    La route est belle
    Pour les auteurs !

Quand la fleurette printanière
S'entr'ouvre à la clarté du ciel,
Tout renaît et se régénère,
L'abeille butine son miel ;
Le berger et la pastourelle
Échangent de tendres serments :
    La route est belle
    Pour les amants !

(1) Cette chanson a remporté le premier prix à la *Lyre Bienfaisante*, le 18 février 1878.

Jeunes soldats, fils de la France,
Partez gaîment le sac au dos,
Braves jusqu'à l'insouciance
Montrez-vous joyeux et dispos.
La patrie, enfants, vous appelle,
En avant donc, futurs guerriers :
    La route est belle
    Pour les troupiers !

Rendons hommage à la science
Dont l'infaillible autorité,
Fustigeant la sotte ignorance,
Nous dévoile la vérité ;
Vérité, déesse immortelle,
Quand tu surgis à l'horizon,
    La route est belle
    Pour la raison !

Tandis que la forge s'allume,
Travailleurs, prenant vos marteaux,
Métamorphosez sur l'enclume
En chefs-d'œuvre tous les métaux !
Et puisque le luxe étincèle
Même aux foyers du paysan,
    La route est belle
    Pour l'artisan !

Le Christ, expirant au Calvaire,
Du peuple emporta les regrets ;
Mais son sang arrosant la terre
Fit germer l'arbre du progrès.
Par sa morale qui recèle
Tant d'amour et de charité,
  Ta route est belle,
  Humanité !

Achève-toi, palais magique,
Immense caravansérail,
Pour la bataille pacifique
Des braves soldats du travail !
Des beaux-arts, fête fraternelle,
Ton but est civilisateur :
  La route est belle
  Pour l'inventeur !

Après des siècles d'esclavage,
Des peuples voici le réveil,
Et les abus du moyen âge
Dorment de l'éternel sommeil ;
La République universelle
Sur l'univers doit resplendir :
  La route est belle
  Pour l'avenir !

CERTITUDES

Air : *Les Anguilles, les jeunes Filles* (CARAJA)

Jésus disait à ses apôtres :
« Entr'aidez-vous, aimez-vous bien ;
» Surtout ne faites pas aux autres
» Ce qui ne vous plairait en rien. »
Cette morale salutaire
On la suit bien peu, car, hélas !
A son prochain chacun veut faire
Bien des traits qui n'lui plairaient pas.

Avec l'espoir qui l'accompagne,
Prenant son fusil, son carnier,
Le chasseur court à la campagne
Pour massacrer force gibier ;
Je comprends très bien que la chasse
Pour l'amateur ait des appas...
Si nous étions lièvre ou bécasse,
J'suis certain qu'ça n'nous plairait pas.

Pour satisfaire notre envie,
Parfois nous devenons geôliers,
Lorsqu'il nous prend la fantaisie
D'avoir des oiseaux prisonniers :
Nous admirons leur doux ramage,
En guettant leurs joyeux ébats.
Si comme eux nous étions en cage,
J'suis certain qu'ça n'nous plairait pas.

Par instant, l'homme le plus sage
Veut goûter le fruit défendu...
Dans les vignes du mariage
Nous grapillons à corps perdu.
Nous trouvons un époux cocasse
Quand sa moitié fait un faux pas,
Mais... si nous étions à sa place,
J'suis certain qu'ça n'nous plairait pas.

Nous aimons tous la friandise
Qui bien souvent cause nos maux ;
Pour flatter notre gourmandise,
Nous mutilons les animaux.
Vous savez tous par quel système
On obtient un chapon bien gras...
Si l'on nous engraissait de même,
J'suis certain qu'ça n'nous plairait pas.

Quand Polichinelle, en colère,
En mauvais garnement qu'il est,
Assomme jusqu'au Commissaire,
Tout en n'épargnant pas Minet,
Nous trouvons ce bossu très drôle,
Alors qu'il frappe à tour de bras...
Si du chat nous avions le rôle,
J'suis certain qu'ça n'nous plairait pas.

Bien qu'éloignés de la jeunesse,
Dans nos refrains bravant le sort,
Gaîment nous affirmons sans cesse
Que nous ne craignons pas la mort.
Certes, puisque nul ne l'évite,
Nous pouvons rire du trépas ;
Mais, s'il fallait partir de suite,
J'suis certain qu'ça n'vous plairait pas.

LES GRIEFS DE BALANDARD

AIR : *Adieu, Panard*

Pendant qu'nous somm's en tête-à-tête,
Faut que j'te dis' c'que j'ai sus l'cœur :
Lundi dernier c'était ma fête
Et tu n'm'as pas offert un'fleur;
Ta poche est toujours bien garnie,
Et pourtant (tu n'peux pas dir' non)
Quand j'te dis que j'ai la pépie,
Tu n'm'offres jamais un canon...
    Ah ! mon pauvre Rémy,
    Tu n'es pas un ami !

Quand nous allons pêcher en Seine,
Afin d'amorcer le fretin,
Tu n'veux jamais t'donner la peine
De m'ramasser un peu d'crotin ;
De plus, si par mauvaise chance,
J'suis démonté par des poissons,

T'as pas seul'ment la complaisance
D'vouloir m'empiler des ham'çons.
 Ah ! mon pauvre Rémy,
 Tu n'es pas un ami !

Certain jour qu'à bout de ressources
Je m'trouvais bien embarrassé,
Vu qu'j'avais besoin d'fair' des courses
Et que j'étais très-mal chaussé,
J'devais aller toucher des notes
Au diable au vert, dans les faubourgs ;
T'as pas voulu m'prêter tes bottes
Seulement pour sept ou huit jours...
 Ah ! mon pauvre Rémy,
 Tu n'es pas un ami !

A chaque instant tu m'fais d'la peine ;
Te souviens-tu, qu'un certain soir,
Ayant touché notre quinzaine,
Nous avons soupé chez Passoir.
D'une colique sans pareille
Ce soir-là, tu m'as fait cadeau,
En ne me laissant que l'oseille,
Pendant qu'tu gobais l'fricandeau...
 Ah ! mon pauvre Rémy,
 Tu n'es pas un ami !

A la fête de La Villette,
Nous avons ri comme des fous;
Mais par malheur j'étais pompette
Au moment de rentrer chez nous.
Marcher ne m'était pas facile,
Sur le cœur j'en avais trop gros;
Pour m'ram'ner à mon domicile,
T'as pas voulu m'prendr' sur ton dos...
    Ah! mon pauvre Rémy,
    Tu n'es pas mon ami!

Après mon dîner faut que j'sorte,
Afin d'm'escrimer au billard,
Et comm' nous d'meurons porte à porte,
Tu n'ignor's pas que j'rentre tard;
Tu sais aussi qu'mon Eugénie
T'estime à cause d'ta gaîté,
Que toute seule elle s'ennuie,
Et tu n'lui tiens pas société...
    Ah! mon pauvre Rémy,
    Tu n'est pas un ami!

L'OMBRE

A MON BON CAMARADE RUBOIS

AIR : *Suzon sortait de son village*

Que de chagrin dans cette vie,
Dont la clôture est un tombeau,
Et qu'il faut de philosophie
Pour porter gaiment son fardeau!
    On se lamente,
    On se tourmente,
En poursuivant un mirage trompeur,
    On s'exaspère,
    Puis on espère
Pouvoir un jour atteindre au vrai bonheur;
Des malheureux voyez le nombre,
Votre cœur en sera touché,
Ah! quand le soleil est couché,
    Que de douleurs à l'ombre!

Bien des femmes sont des modèles
De gentillesse et de bonté;
Mais en trouver de bien fidèles
Offre plus de difficulté;
  Pour leurs toilettes,
  Que de coquettes
Au plus offrant prodiguent leurs faveurs!
  C'est du commerce,
  Qu'amour exerce,
Tous nos Don Juans deviennent fournisseurs;
De nos jours, quand la pudeur sombre,
C'est à la suite d'un marché...
Ah! quand le soleil est couché,
  Que de dandins à l'ombre!

L'égoïsme qui se propage,
L'emporte sur la charité;
Harpagon dans son équipage
Éclabousse la pauvreté.
  Sans opulence,
  Pas d'importance,
Le seul mérite est d'avoir beaucoup d'or;
  On agiote,
  On boursicote,
Il est si doux d'augmenter son trésor,
  Parfois on compte d'un air sombre

Ce trésor d'usure entaché;
Ah! quand le soleil est couché,
   Que d'avares à l'ombre!

Bien des gazettes financières,
Que l'on rencontre à chaque pas,
Pour avoir des actionnaires
Battent la caisse à tour de bras;
    Tout vous invite,
    Courez donc vite,
tits rentiers, triplez vos capitaux :
    Vos bénéfices,
    Sûrs et propices,
ivent sous peu vous valoir des châteaux...
De ces actions l'on s'encombre,
Par l'espoir d'un gain alléché...
Ah! quand le soleil est couché,
   Que de dupes à l'ombre!

Quand la Chambre se renouvelle,
Cherchant les mots les plus flatteurs,
Chacun se creuse la cervelle,
Pour empoigner les électeurs;
    Plus d'un s'écrie :
    « De la patrie
Je veux calmer la souffrance et l'émoi;

» Peuple sublime
» Et magnanime,
» Pour être heureux, sans retard, nomme
» Tu sortiras de la pénombre,
» Où trop longtemps tu fus caché... »
Ah! quand le soleil est couché,
Que de blagueurs à l'ombre!

A LA CHANSON

Air : *Dans la Paix et l'Innocence*

Chanson à vous je m'adresse
En rimant ces quelques vers,
Car vous avez la faiblesse
De donner dans le travers;
Votre gaîté dégénère,
Je vous le dis sans façon;
Non, vous n'êtes plus, ma chère,
Vous n'êtes plus la Chanson.

Égrillarde et bonne fille,
Quand Laujon vous courtisait,
Chacun vous trouvait gentille
Et votre genre plaisait;
Maintenant votre air austère
Donne presque le frisson;
Non, vous n'êtes plus, ma chère,
Vous n'êtes plus la Chanson.

C'est à bon droit qu'on vous raille,
Cessez de vous récrier,
Car vous mettez des gants paille
Pour prendre votre encrier;
Lasse d'être roturière
Vous rêvez un écusson;
Non, vous n'êtes plus, ma chère,
Vous n'êtes plus la Chanson.

Avec Désaugiers, ma belle,
Vous patoisiez très souvent,
Et l'on prenait pour modèle
Ce coupletier bon vivant;
De sa muse qu'on révère
Vous reniez le doux son;
Non, vous n'êtes plus, ma chère,
Vous n'êtes plus la Chanson.

Pour parer votre lyrisme,
Pleine de prétention,
Vous faites du pédantisme
Et de l'érudition ;
Vous qui possédiez naguère
L'allégresse d'un pinson ;
Non, vous n'êtes plus, ma chère,
Vous n'êtes plus la Chanson.

Votre esprit plein de finesse
Était beaucoup moins guindé
Quand vous étiez la maîtresse
De Piron et de Vadé ;
En courant à la barrière
Vous battiez chaque buisson ;
Non, vous n'êtes plus, ma chère,
Vous n'êtes plus la Chanson.

Jadis, plaçant sur l'oreille
Un bonnet simple et coquet,
Vous vidiez une bouteille
Assise dans un banquet ;
Maintenant plus minaudière,
L'eau devient votre boisson ;
Non, vous n'êtes plus, ma chère,
Vous n'êtes plus la Chanson,

Soyez, sans être impudique,
Sans gêne comme autrefois,
Et fuyant la politique,
Rendez-nous l'esprit gaulois ;
Sans rancune et sans colère
Profitez de ma leçon,
Et redevenez, ma chère,
La véritable Chanson.

EN TOUT IL FAUT UN MILIEU

Air : *Eh! le cœur à la danse*

J'ai pour voisin un Calino
 Mari d'une Flamande,
Chez lui, cet homme est un zéro,
 Tant sa bêtise est grande ;
 Lorsqu'il s'avise parfois
 D'oser élever la voix,
  Son épouse Clarisse
Le claque et lui dit : Halte-là !
 On peut être Jocrisse,
 Mais pas à ce point-là.

Grégoire qui fut tant chanté
    Par plus d'un gai trouvère,
Ne mettait sa félicité
    Qu'à bien vider son verre ;
    Sur la table il se versait,
    Puis dessous disparaissait ;
    Il est vraiment peu digne
De se griser comme cela :
    On peut aimer la vigne,
    Mais pas à ce point-là.

De contes à dormir debout
    Nous rompant les oreilles ;
Des trafiquants vendent partout
    De l'eau sainte en bouteilles ;
    On peut acheter chez eux
    Une place dans les cieux ;
    Ce commerce est bien triste
Pour les courtiers de Loyola ;
    On peut être banquiste
    Mais pas à ce point-là.

Trompant l'élan national
    De notre brave armée,
Naguère à Metz un maréchal
    Tachait sa renommée ;

A l'ennemi se rendant,
Il s'écria, l'impudent :
 Tant pis si l'on s'en fâche,
Mon épée, amis, la voilà;
 On peut se montrer lâche,
 Mais pas à ce point-là.

Milon, le fait n'est pas tout neuf,
 Mais passe pour notoire,
D'un coup de poing tuait un bœuf,
 A ce que dit l'histoire;
 En un jour, il dévorait
 Ce bœuf qu'on lui préparait.
 Quel fricoteur cocasse!
Et quel gigantesque gala!...
 On peut être vorace,
 Mais pas à ce point-là.

Salomon, ce roi si vanté
 Pour sa haute sagesse,
Avait vraiment pour la beauté
 Un grand fond de tendresse;
 Trois cents femmes il fêtait,
 Et toujours les contentait.
 Je dis, bien que ça vexe
Plus d'une tendre Paméla,

Qu'on peut chérir le sexe,
Mais pas à ce point-là.

Le Créateur de l'univers
    Ne peut, dans sa clémence,
Affliger aux humains pervers
    L'éternelle souffrance ;
  Quand nous nions sa bonté,
  Dieu par nous est insulté...
    Aux enfers, où l'on brûle,
Croire enfin qu'il nous plongera,
    On peut être crédule,
    Mais pas à ce point-là.

L'AMITIÉ

Douce et sainte amitié, c'est bien dans ton empire
    Que Dieu plaça le vrai bonheur,
  Car l'amitié, c'est la raison du cœur
    Et l'amour n'est que du délire.

LA TOILETTE DE SUZON

AIR : *Venez au Fidèle Berger* (ADAM).

Voici revenir le printemps,
Adieu les frimas, les autans ;
Les hôtes ailés des buissons
Gazouillent leurs vives chansons.
    Viens, ma compagne,
    Sans différer,
    Viens respirer
    A la campagne ;
    Vite en chemin,
Et la main dans la main,
    Suzon,
Désertons la maison !

Je vais t'aider à t'habiller,
En toilette tu vas briller ;
Ne perdons pas un seul moment,
Quitte ce simple ajustement !

Ta main démêle
Tes noirs cheveux,
Qu'ils sont soyeux,
Ma toute belle!
De ta beauté
Mon œil est enchanté;
Suzon,
J'en perdrai la raison!

Allons, mets ton gentil corset!
Déjà ma main tient le lacet;
Mais je frisonne en te laçant,
Ton regard devient caressant.
Ton cœur palpite...
Tiens, sens le mien,
Comme le tien
L'amour l'agite.
On est heureux
Quand deux cœurs amoureux,
Suzon,
Sont au diapason!

Tout aime en ce vaste univers,
Au sein des airs, au fond des mers,
A tous les êtres animés
La nature vient dire : « Aimez! »

Au bois la mousse
Offre aux amants
Tapis charmants,
Couchette douce;
La tendre fleur
Se penche vers sa sœur.
Suzon,
D'amour c'est la saison!

Ta peau douce comme un satin,
Ton pied mignon, ton air mutin,
Ta jambe ronde et faite au tour
M'embrasent des feux de l'amour.
Chère petite,
Pourquoi sortir?
Quand le plaisir
Chez nous s'abrite,
Lève les yeux,
Vois ce ciel nuageux;
Suzon,
Restons à la maison!

CE QUE JE N'AI JAMAIS COMPRIS

—

AIR : *Dans la Paix et l'Innocence*

D'un repas sans étiquette
J'aime le joyeux concert,
Quand la vive chansonnette
Vient couronner le dessert;
Mais qu'au lieu de chants bachiques
On fasse entendre aux amis
Des rengaines politiques,
V'là c'que j'n'ai jamais compris!

Vos plaintes sont importunes,
Gens qui critiquez le vin,
Serait-ce donc pour des prunes
Que Dieu fit ce jus divin?
Se griser est pardonnable,
Mais, ainsi qu'un mal-appris,
Aller rouler sous la table,
V'là c'que j'n'ai jamais compris!

Possédant une maîtresse,
Je comprends qu'on aime bien
Lui voir joindre à la jeunesse
De la grâce et du maintien;
Je comprends que de sa belle
Quinze jours on soit épris;
Quant à lui rester fidèle,
V'là c'que j'n'ai jamais compris!

On comprend que la nature
Soit l'œuvre d'un créateur,
Mais pourquoi, par l'imposture,
Fausser l'esprit et le cœur;
Il est un certain mystère
Dont je fus toujours surpris,
Rester vierge en étant mère,
V'là c'que j'n'ai jamais compris!

Pour devenir mandataire,
Député du peuple-roi,
Chaque candidat doit faire
Sa profession de foi;
Je conçois qu'on aille entendre
Ces beaux discours bien écrits;
Mais... que l'on s'y laisse prendre,
V'là c'que j'n'ai jamais compris!

Sitôt que vient apparaître
Une révolution ;
Le peuple détrône un maître
Au nom de la nation ;
Ce maître fait la culbute
On l'accable de mépris...
Insulter après la chute,
V'là c'que j'n'ai jamais compris.

Privés de philosophie,
Des fous que je ne plains pas
Sottement quittent la vie
En se donnant le trépas ;
Par la Parque trop cruelle
Chacun de nous sera pris :
Mais, aller au-devant d'elle,
V'là c'que j'n'ai jamais compris !

QUATRAIN

Que le Dieu créateur qui dans l'immensité
Plaça les planètes errantes,
Pour cette année et les suivantes,
Vous donne bonheur et santé.

LE ROSSIGNOL ET LE MERLE

FABLE

Un jeune Rossignol avait le chant si doux,
    Que les oiseaux du voisinage
Applaudissaient à son charmant ramage,
Tant et si fort, qu'un merle en fut jajoux.

    « Que la gent ailée est donc bête
    (Murmurait le Merle grondeur).
  » Cet oiseau nous casse la tête,
» Pourtant de l'écouter, chacun lui fait honneur ;
    » Toutes les nuits il me réveille,
    » Voyez donc, la belle merveille,
» Que ce gazouillement en *ut* ou *si bémol*,
» Se figure-t-il donc que lui seul est capable.
    » La peste soit du Rossignol...
    » Qu'il se taise ou s'en aille au diable! »

Certain jour, que le Merle ainsi se dépitait,
      Le Rossignol qui l'écoutait,
S'approcha doucement et lui dit : « Mon cher frère
     » Calmez cette injuste colère...
» Chacun a son mérite et son utilité :
» Le Pinson par son chant provoque la gaîté,
     » La Tourterelle inspire la tendresse,
» Vous-même vous sifflez avec grâce et finesse,
» Croyez-en ce qu'a dit un poète fameux :
» *Tous les genres sont bons, hors le genre ennuyeux.*
» Vivons donc désormais en parfaite harmonie
» Et chassons de nos cœurs la noire jalousie. »

Elle s'adresse à vous, Poètes, Prosateurs,
    La fable que je vous dédie.
    Ne soyons jamais détracteurs.

Le plus brillant savoir est taché par l'envie.

MORET

A mon bon Camarade et Collègue L. Moret, promu commis-principal à la 2ᵉ succursale du Clou (Roquette, côté du Contrôle).

COUPLETS DE CIRCONSTANCE

Air : *Tarare Pompon*

Un repas est complet,
Quand l'amitié préside,
C'est ce qui me décide,
A rimer un couplet;
Montrons-nous donc capable
Et surtout guilleret,
Puisque je chante à table
    Moret.

Ce franc Épicurien,
Gourmet et gastronome,
En un mot est un homme
Qui *boit et mange bien.*
S'il n'est pas (c'est visible)
Solide d'un jarret,
Il a le cœur sensible,
  MORET.

Souple comme l'osier,
Cette bonne nature,
N'a pas du tout l'allure
Ni l'aspect d'un guerrier;
S'armant d'une bouteille,
Et jamais d'un fleuret,
Il adore la treille,
  MORET.

Sa nomination,
Ici, je le proclame,
Met au fond de notre âme
La jubilation ;
Évitant un mécompte,
Comme le *mascaret,*
Bravo ! voilà qu'il monte
  MORET.

S'adressant à Moret :

Bref! le point capital
C'est qu'enfin l'on t'installe
Deuxième succursale,
Commis *très* principal;
Canda t'en félicite,
Tant mieux, si ton gousset
S'emplit par ton mérite,
  MORET.

Pour clore ma chanson,
Que chaque camarade,
En me versant rasade,
Me serve d'échanson;
Puissions-nous tous sur terre,
Sablant le vin clairet,
Longtemps t'offrir un verre,
  MORET.

HISTOIRE D'UNE MÉCANIQUE

Air du *Charlatanisme.*

Étant garçon, j'ai demeuré
Très longtemps passage Vivienne;
Pour voisine, sur mon carré,
J'avais une mécanicienne.
En travaillant, matin et soir,
Dans le gilet ou la culotte,
Elle grossissait son avoir,
Et c'était à qui viendrait voir
La mécanique de Charlotte.

Connaissant à fond son métier,
Ponctuelle et laborieuse,
On la citait dans son quartier
Comme une excellente piqueuse.
L'ouvrage arrivait carrément

Chez cette fille pas manchote;
A titre d'encouragement,
On voulait mettre en mouvement
La mécanique de Charlotte.

Cette mécanique, vraiment,
Des amateurs charmait la vue,
Car elle était, soigneusement,
Par ma voisine, entretenue.
Craignant de la voir se blesser
(Ce souvenir me ravigote)
En bon voisin, sans me lasser,
Moi, tous les soirs, j'allais graisser
La mécanique de Charlotte.

Un jour, l'ouvrage lui manqua,
Et ne trouvant plus rien à faire,
Cette pauvre enfant s'endetta
Avec son vieux propriétaire.
Espérant enfin l'attendrir,
La belle supplie et sanglote;
Mais, la sommant de déguerpir,
Le sapajou voulut saisir
La mécanique de Charlotte.

La pauvrette devait beaucoup;
Mais, après trois mois de chômage,
Elle paya tout ça d'un coup,
Ça fit jaser le voisinage.
Pour moi, je n'en fus pas surpris,
Car je sus qu'un compatriote,
S'en montrant fortement épris,
Venait de payer un bon prix
La mécanique de Charlotte.

En la faisant aller trop fort,
Cet aquéreur d'humeur badine
Finit par casser le ressort
De cette adorable machine.
Apprenez donc, sans plus tarder,
La suite de cette anecdote :
Le temps qui peut tout raccorder,
N'a jamais pu raccommoder
La mécanique de Charlotte.

MONSEIGNEUR LE CAPITAL

Air du *Rocher de Sainte-Avelle*

Pauvres humains, qui végétez sur terre,
Chacun de vous convoite mes faveurs,
Par mon pouvoir je chasse la misère,
Et sous mes pas on voit naître des fleurs.
D'un noir taudis, souvent, je fais un Louvre,
Tout s'embellit sous mon souffle vital ;
En ma présence, allons qu'on se découvre :
Saluez-moi ! je suis le Capital !

Avec raison, je sème des richesses,
Mais si parfois dans un moment d'erreur,
A l'intrigant j'accorde mes largesses,
De l'artisan je stimule l'ardeur ;
Dans l'univers, mon pouvoir est immense,
Mon talisman, c'est le brillant métal,
Rien ne résiste à ma toute-puissance :
Saluez-moi ! je suis le Capital !

C'est moi qui fais que femme grisonnante
Peut épouser un homme jeune encor,
Et qu'une vierge, au front pur, attrayante,
Se voit livrée au vice, pour de l'or.
Séchant les pleurs, et creusant des abîmes,
A chaque instant, soit propice ou fatal,
Je pousse au bien, j'inspire aussi des crimes :
Saluez-moi, je suis le Capital !

Pour obtenir un bonheur illusoire,
Hommes sans foi, vous devenez cruels,
Fraternité, devoir, amour et gloire
Sont immolés par vous sur mes autels.
Prosternez-vous, trêve à votre faconde,
Courbez vos fronts devant le piédestal
Du plus grand roi qui domine le monde :
Saluez-moi ! je suis le Capital !

Petits enfants, lorsque je vous protège,
Vous souriez dans vos riches berceaux,
Et vous, vieillards, quand la mort vous assiége,
C'est encore moi, qui pare vos tombeaux.
Tout malheureux que ma main déshérite
N'a pas toujours un lit à l'hôpital ;
Me posséder est donc un vrai mérite :
Saluez-moi, je suis le Capital !

UN DICTON POPULAIRE

Air : *Eh! le cœur à la danse*

D'un baba qui sortait du four
   Voyant la bonne mine,
Une cocotte un certain jour
   Dit d'une voix câline :
« Arthur, vois donc ce gâteau,
» Qu'il est doré, qu'il est beau;
   » Ami, je te supplie
» Sans plus tarder de me l'offrir! »
   « — Non, dit-il, ma chérie,
   » Tu t'en ferais mourir! »

« Je t'aime, parole d'honneur,
   » Disait Pierre à Victoire,
» Mais l'hymen me fait toujours peur,
   » Il est ma bête noire;
   » Je te le dis, sans façon,
   » Je prétends rester garçon.

» D'un peu de fleur d'orange
» Tu voudrais pouvoir te fleurir...
» Mais, vois-tu, mon bel ange,
» Tu t'en ferais mourir ! »

« Hélas! le Créateur divin,
    Disait maître Grégoire,
» Devrait faire pleuvoir du vin
    » Chacun pourrait en boire. »
Sa femme qui l'entendit,
Carrément lui répondit :
    « Disciple de Silène,
» Si le vin, selon ton désir,
    » Se puisait dans la Seine,
    » Tu t'en ferais mourir ! »

« Ah! voleur, criait le corbeau
    Au renard de la fable,
» Vous m'avez fait, me trouvant beau,
    » Un tour vraiment pendable ! »
    « — Mais, répliqua le renard,
    » Pourquoi fus-tu si jobard ?
    » Cela te rendra sage.
» Tes cris ne peuvent m'attendrir;
    » Te rendre ton fromage,
    » Tu t'en ferais mourir ! »

15.

Un vieux matelot, naufragé
　　Sur un lointain parage,
Fut menacé d'être mangé
　　Par un vilain sauvage ;
　Mais, notre marin, sans peur
　Lui répondit : « Et ta sœur?
　　» Prends garde à la caboche,
» Mon vieux, je vais la démolir;
　　» Toi, me mettre à la broche,
　　» Tu t'en ferais mourir ! »

« Vrai, tu me mets au désespoir,
　　» Et ta froideur me lasse,
Soupirait une dame, un soir,
　　A son époux mollasse ;
　» Avant de nous reposer,
　» Donne-moi donc un baiser. »
　　« — Tu deviens ridicule,
Dit l'époux, laisse-moi dormir !
　　» Posséder un hercule,
　　» Tu t'en ferais mourir ! »

IL NOUS FAUT DES CHANSONS

Air : *J'ons un Curé patriote*

L'existence est passagère :
Hélas ! pourquoi l'attrister ?
Il faut mieux, sur cette terre,
Boire, aimer, rire et chanter.
Que faut-il en vérité,
Pour provoquer la gaîté ?
    Des chansons,
Dans la vie où nous passons,
Amis, il nous faut des chansons !

D'abord, sachez que mon père,
Dès que j'eus un peu de voix,
Me donna pour syllabaire
Un vieux chansonnier grivois ;
Par ce procédé tentant
J'appris à lire en chantant.
    Des chansons, etc.

Dès que l'on me verse à table
Un vin qui souvent me plaît,
Je le trouve délectable,
Dès que j'y mêle un couplet.
Certes, j'aime à déguster,
Mais je préfère chanter.
  Des chansons, etc.

Pour alléger sa souffrance,
Sac au dos, bâton en main,
Ce voyageur qui s'avance
Chante en suivant son chemin.
C'est par ses refrains, morgué !
Qu'il se sent moins fatigué.
  Des chansons, etc.

La muse plaintive et folle
Plaît toujours à l'ouvrier ;
Elle soulage et console
Des labeurs de l'atelier.
C'est là que les chants nouveaux
Pour orchestre ont des marteaux.
  Des chansons, etc.

Au chant de *la Marseillaise*,
Bravant misère et dangers,

Jadis, en quatre-vingt-treize,
Nous battions les étrangers.
Pour vaincre, dans le péril,
Vous le voyez, que faut-il ?
    Des chansons, etc.

Pour égayer la nature,
Tout module de doux sons :
L'insecte sous la verdure,
Les oiseaux dans les buissons.
Au concert de l'univers
Mêlons nos lyriques vers !...
    Des chansons.
Dans la vie où nous passons,
Amis, il nous faut des chansons !

LES RÉCEPTIONS

Air : *Va-t'en voir s'ils viennent, Jean*

Ma mère avait le soupçon,
   Quand je vins sur terre,
D'avoir encore un garçon,
   Elle en fut colère.
Car, ayant (notez le bien)
   Trois fils, pas de filles,
Je fus reçu comme un chien
   Dans un jeu de quilles.

Tel qui possède de l'or,
   Malgré son grand âge,
Pour épouse, trouve encor
   Fille pauvre et sage.
Mais un garçon qui n'a rien,
   Dans bien des familles,
Est accueilli comme un chien
   Dans un jeu de quilles.

Présentez-vous en beau frac,
   En riche toilette ;
Chacun, vous croyant le sac,
   Fera la courbette.
Mais soyez un bohémien
   Couvert de guenilles,
On vous reçoit comme un chien
   Dans un jeu de quilles.

Un Auvergnat, dans un bal,
   Manquant la mesure,
Faisait un bruit infernal
   Avec sa chaussure.
Sautant, ne connaissant rien,
   Dans tous les quadrilles,
On le fêtait comme un chien
   Dans un jeu de quilles.

Mes voisins se disputaient,
   Ça me faisait rire ;
Mais, parfois ils se battaient,
   Je courais leur dire :
« Se cogner, n'est pas chrétien.
   » Pourquoi ces bisbilles ? »
J'étais reçu comme un chien
   Dans un jeu de quilles.

Figeac, élu député,
  Se croyait solide;
Mais, à la majorité,
  Crac! on l'invalide :
« Eh! quoi, dit-il pour un rien,
  » Pour quelques vétilles,
» On me reçoit comme un chien
  » Dans un jeu de quilles! »

Un gai faiseur de chansons
  En quittant la terre,
Au paradis, sans façons
  Fut trouver saint Pierre;
Mais le concierge, un vaurien,
  Loin d'ouvrir ses grilles,
Vous le reçut comme un chien
  Dans un jeu de quilles!

LES VIVATS ÉPICURIENS

A MON VIEIL AMI LAGARDE

AIR : *En avant, en avant, en avant toujours*

  Prouvant que, sans bien,
  Un épicurien,
 Sait jouir de la vie ;
  Avec des chansons,
  De nos cœurs chassons
 La tristesse et l'envie ;
   Un refrain
   Plein d'entrain,
  Met toujours un frein
   Aux douleurs ;
   Sous des fleurs,
  Il cache les pleurs ;

Joyeux fous,
Moquons-nous
De l'adversité,
Et vive la gaîté!

D'un fin rouge bord,
Garnissons d'abord
Le cristal de nos verres;
Jamais alarmés,
De coupes armés,
Buvons, joyeux trouvères :
Gais lurons!
Savourons
Le bon vieux Pomard;
Sans retard
Sa chaleur
Réjouit le cœur;
Dégustons
Et fêtons
Ce philtre divin,
Crions : *Vive le vin!...*

Oui, vive le vin!
Ce jus purpurin
Qu'on récolte en automne;
Quel bon médecin!

Jamais assassin,
Que de courage il donne!
Car sans voir
Tout en noir
Du matin au soir,
Le buveur,
Beau viveur,
Loin d'être rêveur,
Pas méchant,
Trébuchant,
Dit en vrai gourmet :
Vive un léger plumet!

Qu'un tendre poulet,
Fin et rondelet,
Brille sur une table !
Et si l'on me sert,
Avant le dessert,
Un flacon respectable ;
Convoitant
Et sentant
Ce mets savoureux,
Écharpant,
Découpant,
Je dis bien joyeux :

Très heureux
Sont tous ceux
Qui ne jeûnent pas;
Ah! vive un bon repas!

Si le temps, jaloux,
A passé sur nous,
Chargeant nos fronts de rides;
Bien que déjà vieux,
Devant deux beaux yeux,
Loin de rester timides,
  Attaquons,
  Provoquons
Un gentil minois,
  Sans rougir,
  Sans faiblir,
Tout comme autrefois;
  Lutinons,
  Chiffonnons
L'aimable beauté;
Vive la volupté!

Ce pauvre univers
Est plein de travers,
D'abus, de catastrophes;
Sans récriminer,

Sachons cheminer
Toujours en philosophes;
Absolvons
Et prouvons,
Tant que nous pouvons,
Que donner,
Pardonner,
Loin de condamner,
C'est prêcher,
Rechercher
La fraternité;
Vive l'humanité!...

INNOCENCE

Deux enfants regardaient un moderne tableau,
Fort beau,
Représentant Adam et Ève
Dans leur costume primitif.
L'un des moutards disait : c'est positif,
Vers ce tableau lorsque mon œil se lève
Je ne puis deviner lequel est le garçon.
Très indécis mon esprit flotte,
Car l'homme n'a pas de culotte
Et la femme pas de jupon.

PLUS ÇA CHANGE ET PLUS C'EST PAREIL

BOUTADE LYRIQUE

AIR : *A ma Margot du bas en haut*

Pour faire une chanson nouvelle,
On se creuse en vain la cervelle,
Depuis des siècles, tous les jours,
On chante le vin, les amours,
  Les lauriers
  Des guerriers,
 Où toujours la gloire
 Rime avec victoire ;
Rien de nouveau sous le soleil, } bis.
Plus ça change et plus c'est pareil.

Ève, curieuse et légère,
A perdu notre premier père ;

Depuis, au doux fruit défendu,
A belles dents on a mordu ;
>> Rendez-vous,
>> Billets doux,
>> Aux champs, à la ville,
>> Se comptent par mille ;
C'est qu'en amour, sous le soleil,
Plus ça change et plus c'est pareil.

Jadis, on dansait devant l'arche,
Mais, depuis que le progrès marche,
En dépit du municipal,
De nos jours on peut voir au bal
>> Lestement,
>> Carrément,
>> Le beau sexe ingambe
>> Qui lève la jambe ;
Ah ! pour les mœurs, sous le soleil,
Plus ça change et plus c'est pareil.

Souvent Noé, que l'on renomme,
Se payait son petit jeune homme,
Maintenant, malgré les impôts,
On vide bouteilles et pots ;
>> Entre nous,
>> Voyez-vous,

Du bon jus d'octobre,
L'homme être plus sobre,
Pour se griser, sous le soleil,
Plus ça change et plus c'est pareil.

Pour tourmenter le pauvre monde
La France eut la Ligue et la Fronde ;
Aujourd'hui bien plus sagement,
On choisit son gouvernement.
L'âge d'or
Peut encor
Venir nous surprendre
Si... l'on peut s'entendre ;
Le *hic*, c'est que sous le soleil,
Plus ça change et plus c'est pareil.

Les païens pour les sacrifices
Espéraient se rendre propices,
Jupiter et les dieux en *us*...
Nous, pour avoir des *oremus*,
Nous payons
Et croyons
Rendre plus traitable
Monseigneur le Diable ;
C'est qu'en erreurs, sous le soleil,
Plus ça change et plus c'est pareil.

Bref! sur notre machine ronde,
Avec le bien, le mal abonde,
C'est l'assemblage singulier
De l'or qui se mêle au fumier;
    Les douleurs
    Et les pleurs
  Se croisent sans cesse
  Avec l'allégresse;
Toujours, toujours, sous le soleil,
Plus ça change et plus c'est pareil.

UN AMI JUDICIEUX

Air de l'Auteur des Paroles

A son ami Larose, un jour,
  Pierre en buvant chopine,
Disait : Ton cœur a de l'amour
Pour Gertrude, notre voisine;
Tu veux t'unir... ça me chagrine,
Car, vois-tu, l'hymen, c'est un four.

Je vais ici, mon vieux Larose,
  Bien t'expliquer la chose ;
Oui, je veux, mon ami Larose,
  Bien t'expliquer la chose.

Veux-tu de la société?
  (Surtout n'étant pas riche)
Agis avec sagacité,
En te payant un chien caniche ;
Jamais ça ne fuit de sa niche,
C'est rempli de fidélité...
Mais la femme, vois-tu, Larose,
  C'est pas la même chose ;
Non, la femme, hélas ! cher Larose,
  C'est pas la même chose.

Tu peux aussi prendre un matou,
  Ou bien une minette,
Par plus d'un joyeux miaou,
Elle égayera ta chambrette ;
Une chatte n'est pas coquette,
Et ça n'absorbe que du mou...
Mais la femme, vois-tu, Larose,
  Ça demande autre chose ;
Chatte et femme, mon vieux Larose,
  C'est pas la même chose.

En imitant le goût banal
   De ma tante Lerouge,
Incorpore dans un bocal
Un joli petit poisson rouge;
Ça nage, ça mange, ça bouge,
Sans jamais faire bacchanal...
Mais, la femme, mon vieux Larose,
   C'est pas la même chose;
Non, la femme, mon vieux Larose,
   C'est pas la même chose.

T'aurais bien tort, en vérité,
   De te mettre en ménage;
Bois, pour te tenir en santé,
A mon avis c'est le plus sage;
Car plus le vin avance en âge,
Plus il prend de la qualité...
Mais la femme, vois-tu, Larose,
   C'est pas la même chose;
Non, la femme, mon cher Larose,
   C'est pas la même chose.

Bref, voici ma péroraison :
   Si tu veux être utile,
Et remplir ton sac à foison,
Deviens cultivateur habile,

Car plus une terre est fertile,
Plus l'argent rentre à la maison...
Mais, avec femme, hélas! Larose,
　　C'est pas la même chose;
Toi qu'es pas bête, je suppose
　　Que t'as compris la chose.

COMMENT LE TEMPS PASSE

A l'âge de vingt ans on saisit le plaisir
En se disant gaiment, ça ne doit pas finir;
　　A trente ans, on hésite, on doute,
Avec plus de lenteur, on déguste, l'on goûte ;
　　A quarante ans, fuit la frivolité,
　　　Plus avare de sa santé
　　　On ménage la jouissance ;
　　A cinquante ans, la triste expérience
　　　Vient, hélas! nous désabuser :
Rare est l'occasion de pouvoir s'amuser,
On cherche le soleil ; puis vient la soixantaine,
Lors on devient bougon, et l'on dit avec peine :
Ah ! dans mon jeune temps, on s'amusait bien mieux.
　　C'est le refrain de tous les vieux.

LES PRÉFÉRENCES DE M. PRUD'HOMME

Air : *Dans la Paix et l'Innocence*

Bon vivant et gai trouvère,
Dès que je suis attristé,
C'est toujours au fond du verre
Que je cherche la gaîté ;
En joyeuse compagnie,
J'aime à venir m'installer ;
Mais, sitôt que je m'ennuie,
Je préfère m'en aller (*bis*).

Je possédais une épouse,
Un vrai diable à la maison,
Dont l'humeur parfois jalouse
Écorniflait la raison ;
Elle me lassait à force
De sans cesse quereller ;
En attendant le divorce,
J'ai préféré m'en aller.

Plein d'un lyrique délire,
Certain soir, dans un salon,
Un poëte allait nous dire
Deux œuvres de sa façon ;
Voyant que j'allais quand même
Être forcé d'avaler
Un drame avec un poëme,
J'ai préféré m'en aller.

J'adorais une maîtresse
Que je payais largement,
Quand je surpris la drôlesse
Dans les bras d'un autre amant ;
Offensé par l'infidèle,
J'aurais bien pu l'étrangler,
Ou lui brûler la cervelle...
J'ai préféré m'en aller.

Derrière une barricade,
Jadis, je fus entraîné
Par un ancien camarade,
Patriote forcené ;
J'ai toujours eu du courage,
Je pouvais me signaler ;
Mais, n'aimant pas le carnage...
J'ai préféré m'en aller.

Poursuivant une bécasse,
Suivi de mon chien terrier,
Au beau milieu de ma chasse,
Je rencontre un sanglier ;
De mon arme meurtrière
Je pouvais, sans reculer,
Foudroyer le *solitaire :*
J'ai préféré m'en aller.

Un certain butor m'outrage
En m'appliquant un soufflet ;
J'offre, au grossier personnage,
Un duel au pistolet ;
Sur le terrain je l'accable,
J'allais, pour sûr, l'immoler...
Mais quoi... tuer mon semblable !...
J'ai préféré m'en aller.

Comme il faut que je succombe,
Je veux (retenez ceci)
Que l'on grave sur ma tombe
L'épitaphe que voici :
« Ci-gît un octogénaire
» Qui, loin de s'en désoler,
» Ne pouvant rester sur terre,
» A préféré s'en aller. »

ZUT !

Air : *Tarare pompon*

La Chanson ne doit pas
Être prétentieuse ;
Alerte et gracieuse,
Elle offre des appas ;
J'aime la gaudriole,
Mais roucouler en ut
Romance ou barcarole,
     Ah ! zut !

Buvant du Chambertin,
Du Grave, du Champagne,
Même du vin d'Espagne,
Je bénis le destin.
Mon ivresse est complète ;
Mais, que l'on m'offre un fût
D'aigrelette piquette,
     Ah ! zut !

En franc épicurien,
Je mets toute ma gloire
A chanter, rire et boire,
Sans m'affliger de rien ;
Vivre dans l'allégresse
Étant toujours mon but,
Je dis à la tristesse :
    Ah ! zut !

Un chasseur diligent
Me semble trop cocasse ;
Au marché, quand je chasse,
C'est avec de l'argent ;
Aux gibiers tendre un piège,
Ou rester à l'affût
Dans six pouces de neige,
    Ah ! zut !

A parler franchement,
Avec Rose ou Sylvie
Un trop long bail m'ennuie,
J'aime le changement ;
Je veux à chaque belle
Payer un doux tribut ;
Quant à rester fidèle,
    Ah ! zut !

Avec humilité
J'écoute un digne prêtre
Qui de son divin maître
Nous prêche la bonté ;
Mais qu'il ose nous dire
Qu'un beau jour Belzébuth
Devra nous faire frire,
  Ah ! zut !

Quand viendra le trépas,
Ici, je le confesse,
Si je meurs de vieillesse,
Je ne me plaindrai pas ;
Lorsqu'éteignant ma lampe,
La mort me fera : Chut !
Je dirai : « Je décampe,
  Ah ! zut ! »

LES TRIPES

Air : *Soldat français, né d'obscurs laboureurs*

Sur tous les tons, et depuis très longtemps,
Les chansonniers ont chanté toutes choses :
L'amour, le vin, le retour du printemps,
Les oiselets, les femmes et les roses.
Fils du Parnasse, il faut élégamment
Grouper les verbes avec les participes;
Pleure, mon luth, car je dois forcément
Rimer, ce soir, moins poétiquement...
    Le sort m'a dévolu les tripes,
    Il me faut célébrer les tripes.

Je ne suis pas amateur d'escargots,
Je n'aime pas le goût de la tomate,
De nos moutons j'exècre les gigots,
Le veau piqué n'a plus rien qui me flatte.
Je ne puis plus voir du macoroni,
Cela ressemble à des tuyaux de pipes,

Ce mets friand, pour des lazzaroni,
Sera toujours de ma table banni ;
    Je lui préfère un plat de tripes,
    J'ai toujours adoré les tripes.

Mais ce sujet n'a (vous en conviendrez)
Rien d'attrayant pour une chansonnette;
Je suis certain qu'ici vous m'absoudrez,
Si mes couplets ne valent pas tripette.
Ce *mot donné* me rappelle Suzon,
Dont maintes fois, l'amour frippa les nippes;
Lorsqu'à Nancy je fus en garnison,
Elle gagnait de l'argent à foison
    A débiter ses bonnes tripes;
    Dieu ! qu'elle avait de blanches tripes !...

Dame Suzon choyait chaque troupier;
Aussi, parfois, dédaignant la gamelle,
A cinq ou six, nous quittions le quartier
Pour nous payer du gras-double chez elle.
Or, cette belle au regard provoquant
Des cordons bleus possédait les principes,
Elle en faisait à la mode de Caen,
Et l'amateur était aux anges, quand
    Il pouvait savourer ses tripes.
    Ah! comme elle soignait ses tripes!

Cette beauté, que chacun voulait voir,
De tant de vogue était vraiment flattée,
On l'admirait, trônant dans son comptoir,
En robe brune, un peu décolletée.
Mais, un beau jour, hélas! elle épousa
Un vieux rentier, le plus drôle des types;
Un mois plus tard, sa boutique ferma,
Et dans Nancy, son départ affama
    Les adorateurs de ses tripes;
    Ah! comme on regrettait ses tripes!

Moi, qui n'ai pas le talent d'un Vatel,
Pour vous prouver mon mince savoir-faire,
J'ai dû souvent employer le gros sel,
En rimaillant mon œuvre culinaire;
Et, sans vouloir me poser en rival
Des Savarins, des Brisses, des Philippes,
Quand je vous offre un lyrique régal,
Daignez, Messieurs, sans cérémonial,
    Accueillir et goûter mes tripes;
    Puissiez-vous digérer mes tripes!

PROJETS D'ÉCONOMIE

Air : *Va-t'en voir s'ils viennent, Jean.*

Je vais te parler raison,
   Ma gentille amie :
Il faut, dans une maison,
   De l'économie;
De nos biens nous userons,
   Mais, vois-tu, ma Rose,
Nous économiserons
   Sur plus d'une chose.

Un petit appartement
   N'a rien qui me plaise;
Il nous faut un logement
   Où l'on soit à l'aise.
Bien cher nous le payerons !
   Mais, que veux-tu, Rose,
Nous économiserons
   Sur une autre chose.

Pour nous tenir en santé,
    Ma chère compagne,
Il nous faudra, pour l'été,
    Maison de campagne.
Le doux nid que nous aurons!
    Ma suave Rose...
Nous économiserons
    Sur une autre chose.

Si nous voulons recevoir
    Nos amis à table,
D'abord, il nous faut avoir
    Cordon bleu capable;
Très souvent nous traiterons,
    Ma friande Rose;
Nous économiserons
    Sur une autre chose.

Tu n'es véritablement
    Pas assez coquette,
A te parler franchement,
    J'aime la toilette;
Tous les deux nous en aurons,
    Ma charmante Rose;
Nous économiserons
    Mais sur autre chose.

Au bois, pour aller chercher
    Fraîcheur et verdure,
Il nous faut un bon cocher,
    Chevaux et voiture ;
En calèche nous irons,
    Quel plaisir, ma Rose !...
Nous économiserons,
    Mais sur autre chose.

Si des champs et des bois verts
    Je suis idolâtre,
J'aime à passer mes hivers
    Au bal, au théâtre :
Quelques loges nous aurons ;
    Mais, vois-tu, ma Rose,
Nous économiserons
    Sur une autre chose.

Au fait, pourquoi s'abuser,
    Ma belle petite,
Jeunes, il faut s'amuser,
    Le temps fuit si vite...
Hélas ! quand nous vieillirons,
    Devenus moroses,
Nous économiserons
    Sur bien trop de choses.

ON N'SE FAIT PAS SOI-MÊME

AIR : *Mon Père était pot*

Dans ce monde, les habitants
  Ont chacun leurs toquades :
Les uns sont joyeux et contents,
  Les autres sont maussades.
    Toujours attaquer,
    Blâmer, critiquer
  Est un triste système ;
    Comme dit très bien
    Un proverbe ancien :
  On n'se fait pas soi-même.

— Gros-Jean, vous êtes entiché
  De trop de gourmandise ;
Vous offensez, par ce péché,
  Notre mère l'Église...
    Gros-Jean repondit :
    — J'ai trop d'appétit

Pour aimer le carême ;
D'ailleurs, cher curé,
Il est avéré
Qu'on n'se fait pas soi-même.

On dit tous les Normands plaideurs,
Les Auvergnats cupides,
Les Gascons vantards et menteurs,
Les Champenois candides ;
Or, ces vieux dictons
Sur tous les cantons
Me semblent un blasphème.
Chacun a son goût,
Et puis, après tout,
On n'se fait pas soi-même.

Une femme, c'est embêtant,
Chantait le vieux Grégoire,
Car mon épouse, à chaque instant,
Me reproche de boire.
Si j'aime le vin,
Ce jus tout divin,
Si ma soif est extrême,
Est-il positif
Que je sois fautif ?...
On n'se fait pas soi-même.

J'ai (soupirait certain Mayeux)
   Le dos d'un dromadaire,
Et pourtant, je suis amoureux
   De vous, charmante Claire.
      Ah! si l'on pouvait
      Se rendre parfait,
   Bientôt, bonheur suprême,
      Je serais charmant;
      Malheureusement
   On n'se fait pas soi-même.

Corbleu! criait un général
   Au fort d'une bataille,
Qui m'a fichu cet animal?
   Craindrais-tu la mitraille?
      Je ne dis pas non;
      J'ai peur du canon,
   Reprit Jean-Jean tout blême;
      J'aurais grand besoin
      D'aller dans un coin...
   On n'se fait pas soi-même.

Mes juges (disait un voleur
   A la correctionnelle),
Je suis pincé, c'est un malheur!
   Mais à vous j'en appelle...

Soyez indulgents,
Si des braves gens
Je ne suis pas la crème,
Faut pas m'en vouloir;
Vous devez savoir
Qu'on n'se fait pas soi-même.

Par l'eau, le fer ou le poison,
Pourquoi donc se détruire...
Chasser l'âme de sa prison
Me semble du délire.
Pour braver le sort,
Un vieux rouge bord
Est un fier apozème...
Ayons-y recours,
En songeant toujours
Qu'on n'se fait pas soi-même.

LE CŒUR

Le cœur, aux battements rapides,
Est toujours dévoré par un nouveau désir;
C'est un tonneau des Danaïdes
Que l'on ne peut jamais remplir.

DOUX SOUVENIRS

Air de *la Valse des Roses* (O. Métra).

Doux souvenirs de l'ardente jeunesse,
Ah! revenez me retracer l'ivresse
Que je goûtais quand, de chaque maîtresse,
   Heureux vainqueur,
  Je captivais le cœur.
   La jeune Lucile,
   A mes vœux docile,
   Fut, beauté facile,
   Mon premier amour,
   Mais à cette belle
   Loin d'être fidèle,
   La piquante Adèle
   Me plut à son tour.

Un peu plus tard, la gentille Fanchette,
De son époux s'éloignant en cachette,

Venait, le jour, partager ma couchette.
 Que j'ai mordu
A ce fruit défendu !...
  La trompeuse Agathe
  Pour moi fut ingrate,
  Bien que faisant patte,
  Patte de velours ;
  De la blonde Alice,
  Qui fit mon supplice,
  Jamais le caprice
  Ne durait huit jours.

Je fus toqué de la sensible Blanche :
Quels yeux, quels pieds et surtout quelle hanche !
D'une friture elle aimait, le dimanche,
   A Bougival
  Se payer le régal.
   D'Ursule, folâtre,
   Je fus idolâtre ;
   Près d'elle au théâtre
   Me trouvant placé,
   Avec cette blonde
   Je fis le Joconde ;
   En une seconde
   Son cœur fut pincé.

Je raffolais de la brune Angélique,
J'aimais surtout sa pose académique ;
Mais, son humeur sombre et mélancolique
   Finalement
  Tua mon sentiment.
   Avec ma Lisette,
   Naïve grisette,
   Dans la même assiette
   Nous mangions tous deux.
   Sans expérience,
   Pleins de confiance,
   Vivant d'espérance,
   Nous étions joyeux.

Dieu ! quel plaisir, quand j'allais avec Berthe
Fouler aux champs la mousse et l'herbe verte !
J'aurais voulu dans une île déserte,
   Pour l'enchaîner,
  Pouvoir l'emprisonner !
   Bref, j'eus la folie
   D'aimer Émilie,
   Claire et Coralie,
   Julie et Clara,
   Charlotte, Zémyre,
   Rosalie, Elvire,

La prude Palmyre,
La vive Amanda.

Au dieu d'amour sacrifiant sans cesse,
J'avais alors des trésors de tendresse.
Hélas ! hélas ! lorsque vient la vieillesse,
    L'austérité
  Chasse la volupté.
    Adieu, toute belle
    Plus ou moins fidèle !
    Aux plaisirs rebelle,
    Je me sens glacé.
    Amour, ton empire
    N'a rien qui m'attire ;
    Mais j'aime à relire
    L'album du passé.
Gais souvenirs de l'ardente jeunesse,
Ah ! revenez me retracer l'ivresse
Que je goûtais quand, de chaque maîtresse,
    Heureux vainqueur,
  Je captivais le cœur !

UN GRINCHEUX

Air : *Non licet omnibus adire Corinthum.*

Je vois des gens heureux d'être sur cette terre,
Qui, gais et souriants, trouvent que tout est bien.
Moi, je dois l'avouer, je pense le contraire,
Blasé, découragé, je ne tiens plus à rien ;
Les ennuis, les chagrins, nous poursuivent sans [cesse,
Le sort capricieux nous condamne à pâtir ;
Que de pleurs, de soupirs, pour un instant d'ivresse !
La vie est une *blague*, et je veux en sortir !

Comment peut-on trouver que l'existence est belle?
Pour nous, chaque saison a sa brutalité,
On grelotte en automne, en plein hiver on gèle,
On frisonne au printemps, et l'on cuit en été ;
Janvier me rend glacé, je ressens des malaises,
Frileux comme un matou, le froid vient m'abrutir ;
En juin, je crains aussi les puces, les punaises...
La vie est une *blague*, et je veux en sortir !

Tant que nous existons, toujours la même histoire :
Se lever le matin, pour se coucher le soir,
Et tout le long du jour, hélas! manger et boire,
Souvent d'un Figaro subir le dur rasoir;
Bâtir à chaque instant des châteaux en Espagne,
Que la réalité se plaît à démolir,
Et boire du coco pour du vin de Champagne...
La vie est une *blague*, et je veux en sortir!

Aucun ne comprendra les peines que j'endure,
Sur moi fatalement pleuvent tous les guignons;
Je porte des bateaux en guise de chaussure,
Tant je suis possesseur et de cors et d'oignons;
Hier, souffrant d'une dent, chez un Fattet je sonne,
Mais cet opérateur, bien loin de me guérir,
Me laisse la mauvaise et m'arrache la bonne :
La vie est une *blague*, et je veux en sortir!

Madame la Nature a des effets physiques,
Nous procurant toujours un accident nouveau;
Gare les fluxions, les crampes, les coliques,
Les palpitations, les rhumes de cerveau;
Les clous, les panaris et mille autres bamboches
Dont la nomenclature est à n'en plus finir;
Sans compter de l'amour, les chaudes... anicroches :
La vie est une *blague*, et je veux en sortir!

Dans ce monde banal, tout m'agace et m'embête :
Par moi, chaque repas est très mal digéré;
Si je reste au logis, j'attrape un mal de tête,
Dès que je marche un peu, je suis courbaturé;
Mais lorsque, chaque mois, l'amitié me convie,
Et qu'à vos gais banquets je viens me rajeunir,
Je me sens transformé, je renais à la vie...
Quand je suis avec vous, je n'en veux plus sortir!

COMMENT FAIRE?

AIR : *Bon voyage, Monsieur Dumolet*

Qu'on agisse comme on voudra,
    Dame critique
  Est méchante, elle pique;
N'importe comment on fera,
L'esprit frondeur toujours existera.

Un vieux dicton que l'on cite à la ronde,
Et qu'à propos ce soir je chante encor,
Dit qu'on ne peut contenter tout le monde,

Par la raison qu'on n'est pas louis d'or.
    Que l'on soit ce que l'on voudra,
        L'un vous admire
      Et l'autre vous déchire ;
    N'importe comment on fera,
Soyez-en sûr, le monde blâmera.

Buvant de l'eau, si vous vous montrez sobre,
En souriant, on dira : « Quel canard ! »
Sablez le jus qu'or récolte en octobre,
Et vous aurez le titre de pochard.
    Qu'on absorbe ce qu'on voudra,
        Nectar bachique,
      Ou breuvage aquatique,
    N'importe comment on fera,
Soyez-en sûr, le monde blâmera.

En épargnant, prouvez votre sagesse,
On s'écrira : « Quel être interessé ! »
Semez partout votre or avec largesse,
On dit alors : « C'est un panier percé ! »
    Que l'on vive comme on voudra,
        Dans l'abstinence
      Ou bien dans la bombance,
    N'importe comment on fera,
Soyez-en sûr, le monde blâmera.

Si vous savez mépriser une offense,
On soutiendra que vous avez eu peur;
D'un mal-appris châtiez l'arrogance,
Vous passerez pour un affreux rageur.
    Qu'on se montre comme on voudra,
        Dur, irascible,
      Tapageur ou paisible,
    N'importe comment on fera,
Soyez-en sûr, le monde blâmera.

Au Dieu d'amour si vous êtes rebelle,
On dit : « Hélas ! le pauvre homme est usé ! »
Si vous allez courir de belle en belle,
De vos succès on est scandalisé.
    Que l'on soit comme on le voudra,
        Fidèle, sage,
      Ou trompeur et volage,
    N'importe comment on sera,
Soyez-en sûr, le monde blâmera.

Du Créateur admirez la puissance,
Et vous serez un jésuite, un cagot ;
Libre-penseur, cherchez la Providence.
Pour bien des gens, vous sentez le fagot.
    Que l'on pense comme on voudra,
        Soyez mystique,

Ou franchement sceptique,
N'importe comment on fera,
Soyez-en sûr, le monde blâmera.

De critiquer jamais on ne se lasse ;
Comme en attraits chacun se croit cossu,
Plus d'un Mayeux rit du boiteux qui passe,
Et le boiteux se moque du bossu.
 Que l'on soit comme on le pourra,
  Soit fait au moule,
 Ou rond comme une boule,
 N'importe comment on sera,
Soyez-en sûr, on vous critiquera.

Puisque ce monde est une comédie
Où tour-à-tour on siffle chaque acteur,
Vivons chacun à notre fantaisie,
Sans déserter le sentier de l'honneur !
 Que l'on dise ce qu'on voudra,
  De la satyre
 Un vrai sage doit rire ;
 Tant que la terre tournera,
Soyez-en sûr, le monde glosera !

COUPLETS

Dédiés à mon bon Camarade et Ami
Aimé FOUACHE,
à l'occasion de sa nomination au titre d'Officier d'Académie

Air de *Pilati*

Des palmes de l'Académie
On vient de t'accorder l'honneur,
C'est justice, et ma voix amie
T'en félicite avec ardeur ;
Cette tardive récompense
Doit te causer un doux émoi ;
Veux-tu savoir ce que j'en pense ?
Ami, je suis heureux pour toi.

C'est peu de se montrer aimable,
Judicieux et bon vivant,
On te voit poète agréable
Quoique doublé d'un vrai savant ;
Muse, inspirant la sympathie,
Et que le bruit remplit d'effroi,
Savoir, finesse et modestie,
On trouve tout cela chez toi.

La vie a plus d'un noir chapitre,
Si les beaux jours sont inconstants;
Pour jouir de ton nouveau titre,
Tu vivras pour sûr bien longtemps;
En fêtant ta centième année
Tu seras plus heureux qu'un roi,
C'est ce que ton ami FÉNÉE,
Mon cher *parrain*, rêve pour toi.

SUPPRESSION
D'UNE DEMI-HEURE SUR MES REPAS

AIR : *Arlequin Cruello.*

Chacun sait qu'chez l'fameux Duval
    Dont l'bouillon est potable,
On peut, quand on n's'y trouv' pas mal,
    Rester tout l'temps à table.
A tous les Duval ça n'plaît pas,
Le nôtre rogne nos repas
    D'un' demi-heure entière...
C'règlement-là va m'démolir,
A vu d'œil on m'verra palir,
      Souffrir,
      Maigrir,
  Ça n'fait pas mon affaire!

UN ÉPOUX PAS SATISFAIT

—

SCÈNE DE MŒURS

—

AIR : *Tout le long de la Rivière*

Depuis que je suis ton époux
Je m'suis toujours montré trop doux,
En voyant mon humeur facile,
Tu m'as pris pour un imbécile;
J'te dis pas ça pour te vexer,
Mais ça commence à m'agacer;
A chaque instant tu me cherches *castille:*
Vois-tu, ma Lisa, t'es vraiment pas gentille,
Non, t'es pas du tout, du tout gentille.

Pendant que j'suis à l'atelier,
Te gardant bien de travailler,
Jasant avec chaque voisine
Tu laisses brûler ta cuisine,

Et loin de varier tes fricots
Tu m'fais toujours des z'haricots,
Tu sais pourtant que j'adore l'anguille ;
Vois-tu, ma Lisa, t'es vraiment pas gentille,
Non, t'es pas du tout, du tout gentille.

Quand le lundi j'ai riboté,
Au lieu de m'faire un p'tit peu d'thé,
T'aim's bien mieux m'faire d'la morale,
T'as tort, si tu crois qu'ça m'régale ;
Quand j'vois qu'tu commenc's à t'fâcher,
Sans répliquer, j'm'en va m'coucher,
Alors, tout seul, il faut qu'je m'déshabille :
Vois-tu, ma Lisa, t'es vraiment pas gentille,
Non, t'es pas du tout, du tout gentille.

Hier, encor, j't'ai fait cadeau
D'un' pair' de gants et d'un chapeau ;
Pour satisfaire à ton caprice,
De cinq francs j'ai fait l'sacrifice ;
Au lieu de me remercier,
Tu vas crier dans tout l'quartier,
Que grâce à moi, tu traînes la guenille :
Vois-tu, ma Lisa, t'es vraiment pas gentille,
Non, t'es pas du tout, du tout gentille.

Les premiers jours de notre hymen,
Dans mes cheveux passant ta main,
Tu me disais : Mon cher Jujule,
T'es joli, qu'c'en est ridicule,
T'es beau comme le Dieu d'Amour...
A présent, tu m'dis chaque jour,
Que je deviens laid comme une chenille :
Vois-tu, ma Lisa, t'es vraiment pas gentille,
Non, t'es pas du tout, du tout gentille.

Mon frère aîné, le vidangeur,
Près d'toi n'est pas en bonne odeur,
Chaque fois qu'il nous rend visite,
De chez nous tu t'en vas bien vite;
En entrant, s'il veut t'embrasser,
J'te vois toujours le repousser,
T'as pas d'égards pour les gens d'ma famille!
Je n't'en dis pas plus, mais tu n'es pas gentille,
A l'av'nir sois donc plus gentille.

LES FEUX

Air de *Saltarello*

Voulant vous prouver ma faconde,
Et choisissant un air joyeux,
De notre pauvre petit monde,
Ce soir, je vais chanter les *Feux*.

O vous qui murissez la vigne
Dont nous sablons le jus vermeil,
Je vous place en première ligne;
Salut à vous, *feux* du soleil.

Pour vivifier la nature,
Faisant fuir neige et glaçons,
Vous nous ramenez la verdure,
Les fleurs, les fruits et les moissons.

Foyer bienfaisant, astre immense,
Toi qu'on admire en chaque lieu,
Dans la mansarde, ta présence
Semble un sourire du bon Dieu!...

Tes chauds rayons, magiques flammes,
Illuminant chaque beau jour,
Au printemps remplissent nos âmes
Des *feux* dévorants de l'amour.

Amour, ton brasier qui calcine
Sait plaire à plus d'un tendre amant;
Pourtant, les *feux* de la cuisine
Paraissent plus doux au gourmand.

Les étincelles mignonnettes,
En voltigeant dans les fourneaux,
Savent dorer les côtelettes,
Les rôtis et les fricandeaux.

Quand du dîner l'heure s'approche,
Feux nourrissants, chers au viveur,
Lorsqu'un chapon est à la broche,
Flambez, flambez avec ardeur!

Feux propices aux victuailles,
Vous qui servez à nos repas,
Rissolez gigots et volailles,
Mais, pour Dieu! ne les brûlez pas!

Écrivain qui, pour un volume,
Pense voir ton nom consacré,

Crois-moi, ne prends jamais la plume,
Si tu n'as pas le *feu sacré*.

Du Parnasse, pauvres eunuques,
Au lieu de noircir des papiers,
Faites des souliers, des perruques,
Puisqu'il n'est pas de sots métiers.

Tuer tel qui demande à vivre,
Est-ce rationnel ? Non, non !
Ah ! que l'avenir nous délivre
Des *feux* meurtriers du canon !

Plus de stupides boucheries ;
O liberté, que ton flambeau
Fasse, éclairant chaque patrie,
Du vieux monde un monde nouveau !

Et nous que la Muse rallie,
Francs et lyriques troubadours,
Pour employer gaîment la vie,
Aimons-nous et chantons toujours !

Bref, s'il faut que je me résume :
De maint travers prenant pitié,
N'ayons qu'un *feu* qui nous consume,
Celui de la sainte amitié !

POURQUOI SE DÉRANGER

AIR : *Restez, restez, Troupe jolie*

Un gourmand disait à sa bonne,
Quand je suis entrain de diner
Je ne veux recevoir personne,
Si des intrus viennent sonner,
Envoyez-les tous promener;
Quand la cuisine est supportable
Et que l'on peut boire et manger,
Le dos au feu, le ventre à table,
A quoi sert de se déranger,
Je ne veux pas me déranger.

Une ambition importune
Fait commettre plus d'un délit,
D'aucuns poursuivent la fortune,
D'autres (La Fontaine l'a dit)
Doucement l'attendent au lit ;
La capricieuse déesse

Rarement vient nous protéger;
Pour courir après la traîtresse,
A quoi sert de se déranger,
Mieux vaut ne pas se déranger.

Du Créateur de la nature
J'admire la perfection;
Mais, ennemi de l'imposture,
Je hais la superstition,
Écueil de la religion...
Bien qu'à fréquenter les églises,
Mon salut semble m'engager;
Pour entendre des balourdises,
A quoi sert de se déranger,
Je ne veux pas me déranger.

Corbleu! vous me la baillez belle,
S'écriait un marquis viveur,
Entre nous, vous cherchez querelle,
Reprenez votre belle humeur,
Et laissez là le point d'honneur.
De bravoure faisant parade,
Sans aller se faire égorger,
Ou mutiler un camarade,
A quoi sert de se déranger,
On ne doit pas se déranger.

L'herbe verte nous sert de couche,
L'air a des parfums amoureux,
Pose ta bouche sur ma bouche,
Ma Lisette, et lis dans mes yeux
Comme en t'aimant je suis heureux...
Vois, l'ombrage de ce vieux hêtre
Semble vouloir nous protéger,
Ici, pas de garde-champêtre ;
A quoi sert de se déranger,
Nul ne viendra nous déranger.

Sagement, déposant ma lyre,
Je termine enfin ma chanson,
Car j'ai bien peur d'entendre dire,
Ce rimeur, gai comme pinson,
Est ce soir, froid comme un glaçon.
Se montrer joyeux après boire
Ne se doit jamais négliger ;
Mais pour raser son auditoire,
A quoi sert de se déranger,
Mieux vaut ne pas se déranger.

UN CONGÉ, S. V. P.

A M. DUVAL, Inspecteur chargé du Secrétariat
(Mont-de-Piété)

AIR : *Allez-vous-en, Gens de la Noce*

Vous dont la parfaite obligeance
Fait de tous l'admiration,
Accueillez avec indulgence
Ma lyrique pétition;
Un peu de repos (je le pense)
Ne pourrait me faire de mal.
    Monsieur Duval,
    Toujours loyal!
Daignez être ma providence
Près du Directeur général.

Depuis que je suis chez ma *Tante*,
Actif et fidèle employé,

Jamais, trompé dans son attente,
Par moi le public fut choyé;
Toujours pour le bien de la chose
J'ai trimé comme l'animal
    Nommé cheval;
    Mais, au total,
Il faut que l'homme se repose,
Qu'en pensez-vous, monsieur Duval?

Je désire, ah! daignez m'entendre,
Avant de quitter mon bureau,
Trois mois de congé, pour apprendre,
De rentier, le métier si beau;
S'habituer à ne rien faire
Me semble, à moi, pyramidal!
    Paradoxal!
    Phénoménal!
Pourtant ça ferait mon affaire,
Parlez pour moi, monsieur Duval.

Loin de pourchasser la grisette
Comme lorsque j'avais vingt ans,
Sitôt que j'aurai ma retraite,
Afin d'utiliser mon temps,
Je lirai toutes les gazettes,
Puis avec *le National*,

Plus d'un journal
Original,
Et je ferai des chansonnettes,
Qu'en dites-vous, monsieur Duval?

Soyez persuadé d'avance
Que, pour votre exquise bonté,
J'aurai de la *reconnaissance*,
Mais pas du Mont-de-Piété;
Chez moi, toujours la gratitude
Fut un sentiment spécial,
Bien radical,
Jamais banal,
Je déteste l'ingratitude,
Croyez-le bien, monsieur Duval.

LA SAUCE ET LE POISSON

Air : *Dans la Paix et l'Innocence*

D'une bluette nouvelle,
Hier cherchant le sujet,
De vous dépeindre ma belle,
J'avais conçu le projet;

Mais je trouve, et ça me chausse,
Ce vieux refrain sans façon :
  C'est la sauce (*bis*)
Qui fait passer le poisson.

Dans un repas de famille,
Pierre, par distraction,
Ayant mangé trop d'anguille
Eut une indigestion ;
Le savant docteur Lafosse,
Lui dit : « Buvez mon garçon :
  » C'est la sauce
» Qui fait passer le poisson. »

Parfumé de musc et d'ambre,
Figeac, le roi des blagueurs,
Pour arriver à la Chambre,
Fait dîner ses électeurs ;
Pour se tenir à la hausse,
Il prodigue la boisson :
  C'est la sauce
Qui fait passer le poisson.

Avec gentille compagne,
Un vieux, dans un cabinet,

Fait servir force Champagne,
Et donne plus d'un jaunet ;
Au dessert, la belle exance
Les vœux de ce polisson,
    C'est la sauce
Qui fait passer le poisson ;

Quand la nature vous triche,
Fillettes, n'hésitez pas
A vous bourrer de postiche,
Pour remplacer vos appas !
Qu'importe que l'on en gausse,
Retenez cette leçon :
    C'est la sauce
Qui fait passer le poisson.

Un prêtre à son auditoire,
Disait : (c'est officiel)
Vos parents au purgatoire,
Attendent leur place au ciel ;
Leur position est fausse,
Sachez payer leur rançon ;
    C'est la sauce
Qui fait passer le poisson.

Saint-Phar courtise Angélique
Dont le visage est affreux,
Pourtant le gaillard s'applique
A s'en montrer amoureux...
C'est qu'elle possède en Beauce,
Prés, château, parc, écusson...
    C'est la sauce
Qui fait passer le poisson.

QUAND J'ÉTAIS GARCON

—

HISTOIRE D'UN PAQUET

—

AIR : *Et plus d'un Maréchal de France*
OU : *Restez, restez, Troupe jolie.*

Au fond d'une vieille cassette,
A l'époque où j'étais garçon,
Je possédais une serviette,
Deux chemises, un caleçon
Et trois blancs mouchoirs de coton.
Quand j'allais chez ma blanchisseuse,

Porter mon trousseau peu coquet,
Elle me disait, la moqueuse,
Ah! mon Dieu! quel petit paquet!
Vous avez un mince paquet.

Étant un jour dans sa boutique
Je lui dis d'un ton soucieux :
Vous prenez un ton sarcastique
Sur mon butin jetant les yeux,
Ce n'est vraiment pas généreux.
Je sais que pour vous satisfaire,
Et pour emplir votre *baquet*,
Il vous serait très nécessaire
D'avoir un énorme paquet,
Un très volumineux paquet.

A ces mots, la belle en furie
Me dit en s'armant d'un battoir :
Votre langage m'injurie,
Sortez, ou bien nous allons voir,
Je ne veux plus vous recevoir ;
Pour votre lessive piteuse,
Allez, insolent paltoquet,
Cherchez une autre *repasseuse*
Et remportez votre paquet.
Filez avec votre paquet.

Voyant bien que cette Gervaise
Tenait très fort à me vexer,
Je sortis, la trouvant mauvaise,
Et fus chercher, sans me lasser,
Quelqu'un pour la remplacer;
Le nez en l'air, à l'aventure,
J'allais, comme on dit, tout *croquet*,
Ne sachant plus, je vous le jure,
A quel *saint* vouer mon paquet :
Que de tracas pour un paquet !

Enfin, pour comble d'infortune,
Près du passage du Saumon,
Je fis rencontre d'une brune,
Qui m'offrit ses fers, son savon,
Mais hélas! pour moi quel guignon !
Cette nymphe à l'eau de javelle
De mon malheur fut le bouquet,
Car du premier *coup* la donzelle
Endommagea tout mon paquet :
Ah ! quel assaut pour mon paquet !

Maintenant je compte par douze,
Les objets qu'il faut savonner,
Mais c'est madame mon épouse
Qui se charge de les donner,

Car ce soin pourrait me gêner ;
Depuis que j'ai pris ménagère,
Devenu bien moins freluquet,
Je ne vais plus à la légère
Sottement risquer mon paquet :
Je veux ménager mon paquet.

MES ADIEUX

A MES BONS CAMARADES ET AMIS DU MONT-DU-PIÉTÉ

AIR : *Muse des Bois et des Accords champêtres*
 OU : *Béranger à l'Académie*

Mon avenir d'un point sombre se tache,
J'ai ma retraite et quitte mon bureau ;
Que ne peut-on mourir où l'on s'attache
Comme le lierre appuyé sur l'ormeau...
Vous m'avez vu parmi les intrépides,
Faisant par jour des articles nombreux ;
Mais il le faut, je prends mes invalides, } *bis.*
Mes bons amis, recevez mes adieux.

Que je te dois des heures agréables,
Je te regrette *Administration*,
Où Directeur, Inspecteurs et Comptables,
Avec l'esprit ont l'érudition !
Par Béranger, lorsqu'il obtint sa place,
Antier pour tous se montra gracieux ;
Vous dont le cœur ne fut jamais de glace,
Mes chers amis, recevez mes adieux.

En parcourant ma modeste carrière,
Usant de tout, mais sans en abuser,
J'ai fait toujours le bien que j'ai pu faire,
D'un trait méchant, nul ne peut m'accuser.
En vous quittant, si ma modeste aisance
Doit m'interdire un abri somptueux,
Pour oreiller, j'aurai ma conscience...
Mes bons amis, recevez mes adieux.

Il faut quitter le logis de ma *Tante*
Où les clients, le soir et le matin,
Venaient trouver cette bonne parente
Pour la prier de serrer leur butin ;
Pendant longtemps je fus leur providence,
Lorsqu'à ma caisse, ils passaient soucieux,
Ils me quittaient avec *Reconnaissance*,
Mes bons amis, recevez mes adieux.

ENVOI A MES COLLÈGUES

Gai Chansonnier, je reprendrai ma plume,
Et comme enfin, je vous sais amateurs,
De mes chansons je vais faire un volume,
Dont vous serez les premiers souscripteurs.
Dans les accords modulés sur ma lyre,
Vous trouverez plus d'un refrain joyeux,
En attendant que vous puissiez me lire,
Mes chers amis, recevez mes adieux!

UN TRAIN DE PLAISIR

Air : *Les Anguilles et les Jeunes Filles*

A prix réduits on organise
Pour le Hâvre un train de plaisir,
Dans ce pays, ma bonne Lise,
Avec moi, viens te divertir;
A qui comprend la poésie,
L'Océan offre mille appas,
Sans tarder partons, chère amie,
Admirer la mer, de là-bas.

Nous irons, ma belle maîtresse,
Dès que nous serons arrivés,
Nous promener à Saint-Adresse,
Où les phares sont élevés ;
Soit qu'on gravisse la montagne,
Où qu'en plaine on porte ses pas,
On y voit, ma chère compagne,
La mer d'en haut, la mer d'en bas.

Aussitôt que le jour se lève,
S'embarquent de joyeux pêcheurs,
De la mer en longeant la grève,
L'on peut respirer les senteurs ;
C'est là que je veux te conduire,
J'en ai les moyens, Dieu merci,
Bientôt je vais t'entendre dire :
Ah ! comme on sent la mer, d'ici.

Tous deux nous irons à la pêche,
Ce sera pour nous un plaisir ;
De pêcher rien ne nous empêche,
Car c'est un innocent loisir ;
Tout le jour nous prenons nos aises,
Flâner fut toujours de mon goût,
Nous grimperons sur les falaises,
On y voit la mer, de partout.

Dans ces riants et gais parages
Où l'amour souvent nous conduit,
Nous chercherons des coquillages
Pour en orner notre réduit ;
Et tous les jours, ma toute belle,
Afin d'embellir ton destin,
Moi je veux dans une nacelle
Te voir en mer, dès le matin.

UN LOCATAIRE HEUREUX

Air du *Charlatanisme*.

J'ai bien fait de déménager
(Me disait le mari de Claire),
L'immeuble où j'ai su me loger
Fait parfaitement mon affaire ;
J'y suis très convenablement,
L'architecture est d'un beau style,
Et je puis dire assurément,
Que j'habite un appartement
Dans une maison bien tranquille.

A part un actif charcutier,
Hachant pour sa charcuterie ;
A part aussi le ferblantier,
Frappant souvent avec furie ;
A part un maître chaudronnier,
Dont l'industrie est très utile ;
A part enfin, un menuisier,
Je puis bien vous certifier
Que la maison est bien tranquille !

Seulement, il est malheureux
Que le concierge soit ivrogne,
Sur trois jours, il en passe deux
A boire et se rougir la trogne ;
Quant sa conjointe Paméla
Le gronde... il lui flanque une pile ;
Ils se cognent par ci, par là,
Brisant tout... mais, malgré cela,
C'est une maison bien tranquille !

Pour mon malheur à l'entresol,
Demeure une dame rentière,
Qui fait des *do, re, mi, fa, sol*
Sur un piano sexagénaire ;
Abusant de son instrument,
Afin de devenir habile,

Elle en tapotte constamment...
Mais, malgré ce désagrément,
C'est une maison bien tranquille.

Au troisième est un vieux piqueur,
Très amateur de cor de chasse,
Qui, doué d'assez de vigueur,
D'en sonner jamais ne se lasse,
Bon Dieu ! que d'airs il peut jouer,
Il en sait, je crois, plus d'un mille !...
Bref, c'est un artiste à louer ;
Mais on eut tort de lui louer,
Dans une maison si tranquille !

« Ah ! lui dis-je en l'interrompant,
» Si votre peinture est fidèle,
» Pour qui possède un dur tympan,
» Votre gîte est un vrai modèle ;
» Vous me prouvez par vos discours
» Que vous n'êtes pas difficile,
» Mais, que Dieu me garde toujours
» Du bonheur de finir mes jours
» Dans une maison si tranquille. »

LE POUVOIR DES YEUX

AIR : *Dans la Paix et l'Innocence*

Pour un sujet qui m'enchante,
En toute sincérité,
Je prends la plume et je chante
Le pouvoir de la beauté ;
Caractères difficiles
Que rien ne fait chanceler,
Pour vous rendre plus dociles
Deux beaux yeux n'ont qu'à parler.

Quelle puissance magique
Que celle d'un doux regard,
C'est une pile électrique
Qui rajeunit un vieillard ;
Hercule, que l'amour guide,
Près d'Omphale dut filer.
Pour rendre un homme stupide
Deux beaux yeux n'ont qu'à parler.

Malgré Cujas et Barthole,
Un avocat d'Argenteuil
Plaidant, perdit la parole
Grâce au pouvoir d'un coup d'œil;
Par ce coup d'œil-là, Clarisse
Venait de l'ensorceler;
Pour égarer la justice
Deux beaux yeux n'ont qu'à parler.

Des puissants de ce bas monde
Briguez-vous une faveur,
D'une brune ou d'une blonde
Faites votre ambassadeur;
Au poste qu'on sollicite
On est sûr de s'installer,
Puisque, pour la réussite,
Deux beaux yeux n'ont qu'à parler.

On sait que la belle Hélène
Possédait beaucoup d'appas,
Ce qui faisait de la peine
A son époux Ménélas;
Pour une belle au cœur tendre,
Troie, hélas! devait brûler;
Pour mettre une ville en cendre
Deux beaux yeux n'ont qu'à parler.

Vous vous plaignez, ma voisine,
De votre volage époux,
Son abandon vous chagrine
Et cause votre courroux ;
Sa coupable négligence,
Ne doit pas vous désoler,
Car, pour en tirer vengeance,
Vos beaux yeux n'ont qu'à parler.

Écoute, gentille amie,
Pour être un auteur complet,
J'ai besoin qu'une Égérie
M'inspire plus d'un couplet ;
Si tu deviens ma Lisette,
En vers, je vais exceller,
Car, pour gonfler ma musette
Tes beaux yeux n'ont qu'à parler.

ÉPIGRAMME

Mondor est riche, il a maîtresse et femme,
Et dans ses caves des vins vieux ;
Pourtant, il se dit malheureux :
Que lui manque-t-il donc ?... Une âme.

UNE FÊTE CHEZ LES MAÇONS

COUPLETS RÉALISTES

Air des *Griefs de Balandard*.

Notre besogne est terminée,
C'est aujourd'hui jour de gaîté,
Sur la plus haute cheminée,
Un drapeau peut être planté ;
Mais, pour mieux en orner le faîte,
Ce sont des fleurs que nous voulons,
Pour cette maison qui fut faite
De *moellons* pendant les *mois longs*.

    Allons planter gaîment
    L'bouquet du bâtiment ;
        Plantons gaîment
        Et vivement
    L'bouquet du bâtiment.

En présidant à notre fête,
D'air n'étant pas du tout privé,
Notre bouquet fera sa tête,
Occupant un *poste élevé;*
Afin de s'donner une *cuite,*
De p'tit bleu l'on va *s'infuser;*
Y n'se flétrira pas tout d'suite
Nous allons crân'ment l'arroser...

 Amis, plantons gaîment, etc.

C'est à loger le prolétaire
Que cet immeuble doit servir,
Et dans cette ruche ouvrière
Plus d'un artisan doit souffrir;
Toi, bouquet, pour la circonstance,
Dans l'air répandant tes senteurs,
Jette un doux parfum d'espérance
Sur l'avenir des travailleurs.

 Amis, plantons gaîment, etc.

Sitôt que le propriétaire
Aura lâché ses *monacos,*
Nous filerons à la barrière
Pour nous payer des p'tits fricots;

19..

De gib'lotte on n'se f'ra pas faute ;
Beaucoup de champignons avec !...
Et nous aurons, comm' dans la *haute*
Des serviettes pour nous *torcher* l'bec...

    Amis, plantons gaîment, etc.

Quand nous aurons pris la rincette,
Le café, le *surpouss'* café,
Nous chanterons la chansonnette
C'est un plaisir dont j'suis coiffé...
Larose nous f'ra d'la musique,
Car il est bon violoneux !...
Et moi j'dans'rai le pas sympathique
Du *Hareng-saur* voluptueux...

    Amis, plantons gaîment, etc.

Mais une chose qui me vexe
En pensant à ce gai repas,
C'est de savoir que le beau sexe
Avec nous ne trinquera pas ;
Quoique maçon, on a dans l'âme,
Un culte, une adoration,
C'est c'qui m'fait dire que la femme
Est l'bouquet d'la création...

    Amis, plantons gaîment, etc.

J'VEUX M'DIVORCER

CHARGE LYRIQUE

AIR : *Ça va bon train*

Nom d'un toutou ! j'suis furieuse !
Clamait ma portière en courroux,
Mon conjoint m'rend trop malheureuse ;
Voisine, soit dit entre nous,
On a tort de prendre un époux :
A force de combler la mesure
L'mien a fini par me lasser,
J'vas trouver la magistrature,
   J'veux m'divorcer. (4 *fois*)

Quand on possède un'femme aimable
Comme j'le suis, sans me vanter,
Faut qu'un mari soit bien coupable
Pour oser la tarabuster,

La tourmenter, la molester;
A moi qui suis si pudibonde,
Croyez-vous qu'il ose adresser
Des indécences d'vant tout l'monde!
  J'veux m'divorcer.

J'avais quinze ans lorsqu'à ma mère
Il osa demander ma main,
Le gueusard avait tout pour plaire,
C'était un petit Benjamin,
Ses cheveux sentaient le jasmin!
Il m'appelait sa douce amie,
Mais c'était pour mieux m'amorcer,
Maint'nant y m'trait' d'vieill' momie...
  J'veux m'divorcer.

Quand l'sac à vin s'flanque un'culotte,
Que c'en est un'indignité,
Il faut encor que je l'dorlote
En lui faisant un'mass' de thé,
C'est trop abuser d'ma bonté...
Si par malheur je l'asticote,
L'scélérat, sans craint' de m'blesser,
Me pos' quéqu' part le bout d'sa botte,
  J'veux m'divorcer.

Quand y m'dit qu'il a son jeune homme,
J'réponds : Où donc qu'tu l'as connu,
Si jamais je l'pince, j'l'assomme,
C'est avec lui, qu'à mon insu,
Encore aujourd'hui t'auras bu ;
Ton jeune homme excite ma bile,
De l'fréquenter, faudra cesser,
Si tu n'peux pas t'tenir tranquille,
    J'veux m'divorcer.

Avec lui, quand j'fais la dinette,
Si nous mangeons un godiveau,
Mon goinfre, s'payant chaqu' boulette,
D'l'écreviss' ne m'laiss' qu'un lambeau,
Là, franchement, trouvez-vous ça beau ?
Il est si porté sur sa bouche,
Que lorsqu'un besoin vient l'presser,
La nuit, il s'oubli' dans ma couche !...
    J'veux m'divorcer.

J'ai nun grand pot d'beurr' de Narbonne
Que mon épicier m'a donné,
Et, savez-vous ce qui m'chiffonne ?
C'est que sitôt qu'j'ai l'dos tourné,
Le glouton y fourre le nez ;

Près du beau sexe il fait l'aimable,
Et moi, lorsque j'veux l'embrasser,
Y m'dit qu'j'ai trop l'air respectable..,
    J'veux m'divorcer.

Bref! il est sournois et colère,
Taquin, menteur et paresseux,
Et j'n'enverrai pas s'fair' lanlaire
Un despote aussi désastreux,
D'ma part ça s'rait trop généreux;
Le monstre empoisonne ma vie,
Loin de lui voulant me fixer,
A La Villette je m'expatrie,
    J'veux m'divorcer.

ÉCONOMIE ET CHARITÉ

ANECDOTE

Au fort d'un hiver rigoureux,
Pour secourir des malheureux,
Dans un quartier de Belleville,
Deux hommes dévoués, quêtaient à domicile

Certain jour, pénétrant chez un petit rentier
Ils furent interdits en entendant crier
Le maître du logis qui grondait sa servante :
 Je crois que le diable vous tente
 (Lui disait-il); ici, vous gâtez tout,
Voyez cette allumette, encor bonne d'un bout,
 Pourquoi la mettre hors de service?
 J'entends que tout cela finisse.
 Je veux... surtout, songez-y bien,
 Que chez moi, l'on ne perde rien;
 Prodiguer est une folie.
Ménagez le charbon, le bois et la bougie;
Usez moins de papiers pour allumer le feu,
 Sans quoi, je vous chasse... morbleu!...

 En écoutant cette algarade,
 L'un des quêteurs dit à son camarade :
 « Mon cher, puisqu'il en est ainsi,
 Évinçons-nous, car je pense qu'ici
 Notre démarche sera vaine. »

 Messieurs, ne soyez pas en peine
Dit le rentier, voyant leur embarras;
 Entrez, ne vous alarmez pas
 De ce que vous venez d'entendre;
 Comme moi, vous devez comprendre

Que, sans être un avare, il faut savoir compter.
 Voici *vingt francs*, daignez les accepter.

Si vous m'avez trouvé jurant après ma bonne,
C'est que, *le bien perdu ne profite à personne.*

V'LA TOUT

Air : *Tarare Pompon*

Je trouve peu d'appas
A toute polémique ;
Aussi de politique
Je ne m'occupe pas.
En me rompant la tête,
Si l'on me pousse à bout,
Moi, je dis : « Ça m'embête !... »
    V'là tout !

Aimer timidement
Une jeune sylphide

Me semble trop stupide;
Moi, je dis carrément :
« Adorons-nous, ma chère,
» Vous me plaisez beaucoup;
» Si ça fait votre affaire,
    » V'là tout! »

Eh ! que m'importe à moi,
Qu'un collègue lyrique
Soit pour la république
Ou l'empire ou le roi?
Au banquet où j'assiste,
Que chacun ait son goût;
Mais qu'il ne soit pas triste,
    V'là tout!

Quand nous devenons vieux,
Le temps qui nous assiège
Vient prodiguer sa neige
A nos rares cheveux;
Mais qu'importe un visage,
Plissé, ridé partout?
La gaîté n'a pas d'âge...
    V'là tout!

Chers amis, ici-bas,
Vivons en philosophes;

De maintes catastrophes
Ne nous effrayons pas!
Jusqu'à la dernière heure,
Jouons notre va-tout,
Puisqu'il faut que l'on meure,
    V'là tout!

Pour ne pas abuser
De votre complaisance,
A garder le silence
Je vais me disposer;
Je dépose ma lyre,
Car ma verve est à bout,
Content, si j'entends dire :
    V'LA TOUT!

FIN

TABLE

	Pages
Avant-Propos.	V

CHANSONS

L'Amateur de Chansons.	1
Le Père Rigolot.	3
N'y a que l'Premier Pas qui coûte.	7
Un Drôle d'Emploi	11
Tout d'suite	12
Ma Réception au Caveau	14
Je vous la souhaite?	16
Pot-Pourri de Fanchon	19
Le P'tit Bonhomm' de Ch'min.	25
Pour Aller vite	27
Ousqu'est ma Mitrailleuse.	28
Misanthropie	31
Allez-donc vous asseoir.	32
Quoi donc Chanter?	36

	Pages
Un Prix de Rome.	38
Ça n'va donc pas finir.	39
L'Épicurien reconnaissant.	41
Ce qui ne m'touche pas.	44
Un Heureux Infortuné.	46
Je n'suis pas Veinard.	48
Comme on Change.	51
Ça me botte.	53
Si ça n'peut pas vous servir.	56
Dieu!	59
Ça fait bien dans le Paysage.	61
Les Animaux.	64
Le Cœur.	66
Faudra que j'vous l'amène un soir.	67
Passez-moi le Mot.	70
C'est toujours la même Ficelle.	73
Ça n'se trouve pas dans l'Pas d'un Ch'val.	76
Les Chanoines de Bacchus.	78
V'là qu'tout ça dégringole.	81
Un Farceur.	84
Il faut savoir mentir.	88
Ça lui r'ssemble joliment.	91
Force majeure.	94
La Trompette à Papa.	96
Ma Tante.	98
Ça n'est pas ma Toquade.	101

	Pages
Y n'faut pas tant d'Beurre	103
Un Proverbe	106
A ma Muse	107
Le Temps fuit	110
A mon Ami Constant Chefsailles	112
Ma Philosophie	115
D'Bon Cœur	119
La Marchande de Beurre	121
Un Gai Chanteur	122
In Vino Veritas	126
Une Bergère	127
La Fille à Jacqu'min	129
Jouissons de la Vie	131
Le Bois Tortu	135
La Raison sans la Rime	138
Les Adjectifs	143
Caroline	145
Bien à plaindre	147
L'Art de choisir	148
Cadet Sans-Souci	151
Jolibois l'invalide	154
Le Picolo	157
La Métamorphose d'Actéon	160
Les Craintes d'un Pochard	163
Qu'est-ce que ça m'fait	165
Un R de trop	167

Le Père Francœur.	169
Apologie du Mariage	171
La Romance du Fou	172
Ma Manière de voir.	175
Quiproquo	177
Une Drôle de Nature	178
Colère Céleste	180
Justin Cabassol.	183
La Providence des Oiseaux	186
Chacun à sa Façon	189
Temps perdu.	191
Margoton.	194
Calinoïade	196
Une Promenade nocturne	197
Les A-Propos.	198
Les Choses rares	202
Une Menace Conjugale	205
Un Vieux de la Vieille	208
Opulence et Regrets.	211
Omnibus lyrique	214
Les Chevaliers du Double-Six.	216
Le Marchand de Plumes.	219
Lagarde	222
Un Monsieur trop reconnaissant	224
La Route est belle	225
Certitudes	228

	Pages
Les Griefs de Balandard	231
L'Ombre	234
A la Chanson	237
En tout il faut un milieu	240
L'Amitié	243
La Toilette de Suzon	244
Ce que je n'ai jamais compris	247
Quatrain	249
Le Rossignol et le Merle	250
Moret	252
Histoire d'une Mécanique	255
Monseigneur le Capital	258
Un Dicton populaire	260
Il nous faut des Chansons	263
Les Réceptions	266
Les Vivats épicuriens	269
Innocence	273
Plus ça change et plus c'est pareil	274
Un Ami judicieux	277
Comment le Temps passe	280
Les Préférences de M. Prud'Homme	281
Zut!	284
Les Tripes	287
Projets d'Économie	290
On n'se fait pas soi-même	293
Le Cœur	296

	Pages
Doux Souvenirs.	297
Un Grincheux.	301
Comment faire?	303
Couplets à mon ami Fouache.	307
Suppression d'une 1/2 heure sur mes Repas.	308
Un Époux pas satisfait	309
Les Feux.	312
Pourquoi se déranger.	315
Un Congé, s. v. p.	318
La Sauce et le Poisson	320
Quand j'étais Garçon	323
Mes Adieux.	326
Un Train de Plaisir.	328
Un Locataire heureux.	330
Le Pouvoir des Yeux.	333
Épigramme.	335
Une Fête chez les Maçons.	336
J'veux m'Divorcer.	339
Économie et Charité	342
V'là tout	344

Paris. — Typ. Vve Edouard VERT, 29, rue Notre-Dame-de-Nazareth.

ÉDOUARD JUTEAU, Représentant intéressé
29, RUE NOTRE-DAME-DE-NAZARETH, 29

Contraste insuffisant

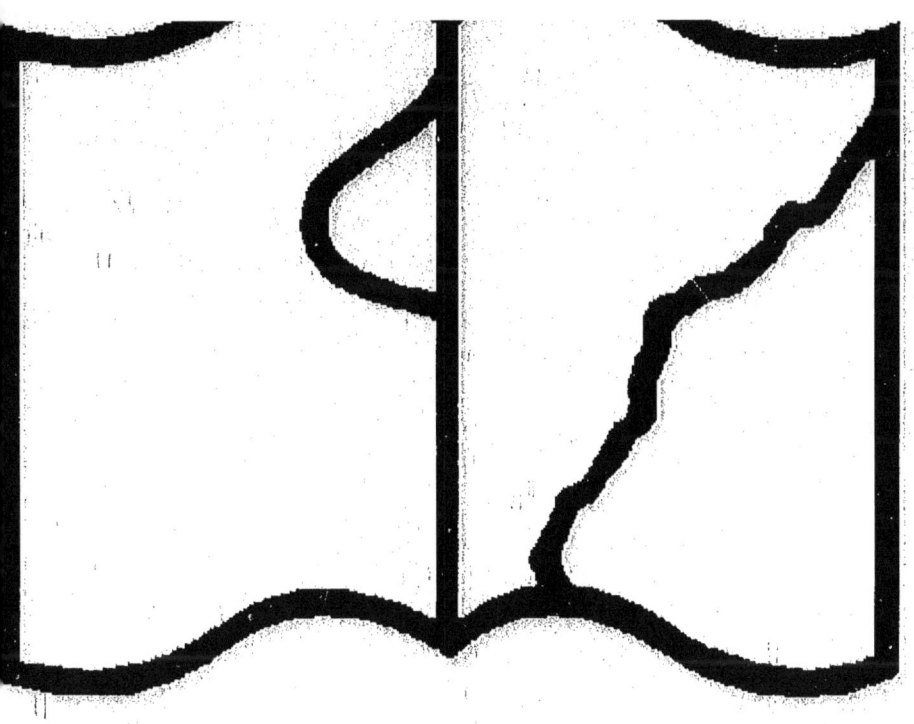

Texte détérioré - reliure défectueuse
NF Z 43-120-11

www.ingramcontent.com/pod-product-compliance
Lightning Source LLC
Chambersburg PA
CBHW070845170426
43202CB00012B/1945